De Ausências
e Alguns Encontros

FELIPE DE MORAES
CHAVES

DE AUSÊNCIAS
E ALGUNS ENCONTROS

1ª EDIÇÃO

Recife
Edição do autor
2019

Direitos autorais protegidos por registro na Fundação Biblioteca Nacional
ISBN: 978-65-901718-0-1

Capa: Goretti Varella

PRÓLOGO

Nascemos entre ausências, tanto mais seja a ausência do abrigo uterino primordial. A ausência, nesse sentido, é apenas a natural sucessão do tempo, tanto mais que o instante anterior já não guarde o mesmo do presente. Crescemos entre ausências, mas enquanto não ganhamos a consciência, as ausências permanecem circunscritas ao finito.

Tornar-se consciente, o que exige o outro, o que abre os olhos para o outro hoje, ontem e sempre, coloca em cena um conflito irresolúvel entre o finito e o infinito, cria uma miríade de ausências. Com a consciência enxergo o antes de mim e projeto o depois de mim, com a consciência não há barreiras nos horizontes, e a minha condição perecível se opõe à minha consciência do infinito. Já não importam só as ausências da sucessão de realidades diferentes, o que pode deixar uma rápida saudade logo substituída pelo estímulo seguinte, mas é a ausência fundamental da coerência entre vida e morte. Vivemos a morte e morremos com vida, navegamos com saudade do infinito e com inconstância no finito, presente sempre esvaziado por outros tempos. Em mesmo instante, é o próprio finito que destrói a plenitude, é ele que anuncia a singularidade do que ficará nalgum infinito do qual se perderá a consciência. Tantas horas mornas, tantos infinitos diluídos na lassidão do finito, na utopia de ao final do ciclo galgar alguma infinitude, esta, por si, tão assustadora ao finito. É uma maneira de não enlouquecer, a alienação do conflito, o deixar-se viver morto para morrer vivo.

Não creio que seja sempre assim: em poucas, raríssimas ocasiões para muitos, há a transcendência, a ultrapassagem do tempo, a indefinível harmonia entre o finito e o infinito, o êxtase. São os encontros num mundo de ausências. Este livro não pretende ser de fórmulas de encontro, ele não poderia. Cada qual tem a sua própria descoberta, a sua própria epifania. O que este livro pretende é disseminar a existência das ausências, menos como uma evidência do drama existencial, e mais como um chamamento a encontros. O mundo formula encontros para manter a utopia do ciclo, mas esses encontros são insatisfatórios, são artificialidades que não escapam à prisão do finito, são encontros para pseudo-ausências também fabricadas. O verdadeiro encontro precisa da consciência das ausências essenciais, por mais que isso revele a perplexidade da vida, por mais que isso estenda o drama da existência.

Ainda que poucos sejam os verdadeiros encontros, basta um deles para conferir transcendência, antídoto à loucura do ser, o resgate do ser em substância, não dos não seres que navegam certos de algum sentido num mundo de ausências. Desejo que ao ler este livro, cujos poemas procuram no quotidiano a redescoberta do ser para além de qualquer ser, o leitor se torne mais humano em seus infinitos.

SUMÁRIO

DE AUSÊNCIAS E ALGUNS ENCONTROS

Nasci-me na ausência
Não, não nasceram-me
Nada tinha de suas memórias
Foi o vazio que me saudou

Desde sempre a ausência
A fome do leite, a fome de tudo
Ensinaram-me mais fomes
Vida em fome, a única que conheço

Construí-me na fome
E de ausências fiz-me não ser
Não ser o outro
Não ser feliz

Mas conheci o outro, o que penso ser outro
O nós de tantas ausências multiplicadas no tempo
O nós de tantos encontros singularizados no tempo

Se vivo no entre, não sei
Se pulo inconsciente para o próximo encontro, talvez
Só sei do tempo
Das tantas ausências e alguns encontros

A VIDA QUE NÃO FINDA

Nada há que não esteja feito
Dormir com o sono
Acordar com a manhã
Viver todo o dia, ou a noite

Viver é somente viver
Morrer é somente morrer
Sem morte em vida
Sem vida na morte

Mas eu, eu nunca o sei
Sempre morro vivendo
A vigília em tempo de sono
A morbidez em tempo de ação

Penso não sê-lo
Não tê-lo sido
Penso, penso
E não vivo

Chegada a última noite
Não tenho só a morte, mas tanta vida
A vida que pensei
A vida que não tive

Que fazer dos tempos mortos?

Que fazer dos diferidos sonhos?
Que fazer de tantos outros
De todos que me choram a vida?

Aquele sapo presa da cobra
Aquela cobra com o gavião se foi
Todos mortos, somente mortos
Foram vida, somente vida

Que têm comigo em pensar-se
Em dizer-se: terá sido outro o caminho?
Que têm comigo em sonhar-se
Em dizer-se: negou-me o tempo além da vida?

Penso, pensais de mim
Logo vivo
Vivo fora
Vivo do que a natureza não conforma ao tempo

Esse outro, esse outro em mim e noutros
Esse outro, não sou eu que vivo
Não sou eu que morro
Mas ele existe

Espectros tantos caminhando a ermo
Reclamando a potência do nunca sido
Esses que estão comigo um pouco
Eu e eles, sendo eu mesmo outro

Reclamai ao sepulcro o fim
Dizei-me: consumida a carne tudo finda
Nada finda do que sou fiador
Do que me faz ciente do partir partido

Quebra-cabeças imperfeitos
Tantas peças que não te completaram
Como os tratas, oh natureza sábia?

Felipe de Moraes Chaves

Como os guardas, oh soberano tempo?

Algumas vozes últimas dirão:
Vou-me em paz sabendo-me vivido
Mas que seria de nós dos tantos gritos
Do ir-se em guerra com o nunca vivido?

Sim, pobre sapo, nada sei de tuas angústias

O OUTRO

Enquanto tecia a veste que me delineava o ser no desenrolar das
palavras
E à minha história confrontava o outro
Enquanto a sentimentos aderia, e a outros fugia
O pulsar que se ritmara ao primeiro olhar experimentava a dis-
sonância de tempos e espaços

Mergulhara profundamente para conhecer e temer
E como a mim evitava no mais profundo das indagações
E como a mim desconhecia no silêncio do começo e do fim
Era com extrema perturbação que me aventurava no discorrer do
outro real, tangível
Presente e futuro possíveis, prováveis

De tanto há de se atormentar a alma no insondável mistério de sua
textura com o fio alheio
De tanto há de se revelar cruamente as perguntas onde a fé tem seu
teste definitivo
Que o ir e o vir, o ficar e o partir, do outro
Hoje, sempre
Hão de rasgar a tessitura definidora da identidade

Como água ajuntada a uma poça longe do turbilhão do rio
Permanecerá o frágil equilíbrio do paradoxo da vida
À mesma chuva será devido o rego pelo qual finalmente a água voltará
ao rio um dia
Ao abrigo das frondes não mais que a espera do próximo temporal

Esquecemos, ou julgamos esquecer
E à lembrança distante com que guardamos os rostos
Recorreremos também à nossa partida
Como hoje nego ao outro as inquietações que não quero partilhar
Aos outros, em minhas lembranças, resgatarei a vida que não quero deixar

Entre o chegar e o partir
Entre passado e futuro
Olhares e desvios
A infeliz satisfação de não sentir

O horizonte alto que diviso e ao qual reclamo no silêncio do outro
Não suportará o grito de minhas aflições
Guardo todo o sofrimento e toda a alegria do mundo que me coube
E se ao suporte de meu próprio ser não vale o peso de tantos outros
Sou também outro naquilo que me defino

Não, sou eu também a perscrutar o mundo nos olhos de uma criança
Ou a indagar o desconhecido na face de um moribundo
Sou eu a sentir a alegria de uma descoberta
Ou a comungar o sofrimento de uma perda

Em tudo há de estar presente a vida na plenitude perplexa de suas indagações
E a inclemência do sentir que arranca o coração dos santos
É morada permanente no recôndito de todos os outros, inclusive naquele com que me defino

Somente o Outro proverá o esteio para tanta vida...

CONSCIÊNCIA

Queiram alguns por ficção
Outros por precipitação de realidade
O que sou está em outros tanto quanto em mim
Em outros que não o sabem por também serem o que sou

Nalgum ponto intermediário
Entre mim e o outro, na narrativa que se queira
Somos!

E se somos, ainda temos a consciência de que eu seja
E se somos, nunca é completo para algum outro
Consciência partida em tantos outros
A minha não basta porquanto seja o que desconheça em algum outro

Somos para além do que sabemos ser
Quem me recomporá nesses tantos fragmentos?
Fragmentos dialógicos de muitos seres
Fragmentos incoerentes nos múltiplos tempos, nos múltiplos olhares

Não, não nos resta uma narrativa
Uma ficção, uma realidade que se queira

Felipe de Moraes Chaves

Não cabemos, por mais que eu e o mundo o queira
Não somos dialéticos, sequer únicos

São vozes em Babel
Alguma síntese, alguma ordem
Acordo instável, efêmero
Sempre haverá a falha, o fato, o olhar que não alcancei

Que há de ser, então?
Não me reduzam a trocas bioquímicas
Isso não me resolve a consciência
Não basta ao saber-me

Sou mais que do que sei
Somos mais do que possamos saber
Somos além
Além do que pensamos o ser

Ser mais que o tempo
Mais que encontros no tempo
Ser sem tempo
A consciência não alcança seu próprio rabo

MEDITAÇÃO

Dizem-me: és uma ficção
És personagem e autor
De outros, com outros
És o que acreditas ser

Dizem-me, ainda: escapa à ficção
No que estás, sê também plateia
De lá, from nowhere
Te liberta

Mas o que julgo fora está dentro
Dentro sempre de outra ficção
De outra narrativa que faz ler o que observo
O nowhere é sempre algum lugar

Que ser além disso, então?
Por fim, ainda dizem-me: sê o nada
Ordeno-te, para
Percebe-te apenas no momento

Daqui nada além, nada aquém

Felipe de Moraes Chaves

Somente os fluxos que te mantêm à realidade
Respira, inspira, és tu sem histórias
Tu primevo, tu amalgamado ao todo

Desta única consciência és soberano
E, ainda assim, és só fluxo
Somente nesta és sem personagem
És o nada

Entre o nada e o saber-se nada
Ainda que o mundo em vida me concedesse o nada
A consciência debate-se entre o ser e o não ser

Que sou sendo nada?
Que sou sendo o todo?
Que sou sem o outro?
Ser, apenas ser?

Sublimo a vida
A diluo na inconsciência
Nesta que chamamos de morte
Morte de tudo o que não posso ser sendo nada

ENTRE O FINITO E O INFINITO

Entre as amarras do finito e a liberdade do infinito
É a consciência essa ponte de medos
Porquanto não seja apenas a consciência do presente
Mas de todos quantos há atrás e à frente

Entre mim e o outro a eternidade
Esse enredo a ferir a razão
A perplexidade do fazer-me distinto
Esse amplexo nunca completo

À consciência chega-me o tempo
O ontem, o hoje e o sempre
Fui ontem, mas não tão ontem
Serei amanhã, mas não tão amanhã

Saber mais do que fui
E ainda mais do que serei
Desejar mais do que ser-me
Ser-me em ti além de mim

Já tão cruel é o sobreviver
A sina de estar-se sempre à beira do fim
Pior dor a consciência
Angústia a escancarar o infinito

É como um precipício do qual não se escapa

Felipe de Moraes Chaves

Não se pode dele correr e não se pode pular
Forçada a vista ao infinito abaixo
A ponte não cai, ela vai cair

Eu avisto outras pontes, outros tantos
Alguns ousam aliviar-se cantando
Outros ainda a percorrem pulando
Ainda outros estão parados rezando

Algumas caem, todas cairão
Eu sei, a consciência me fala
Eu as vi, eu as imagino
A minha também o sei

Eu grito, todos gritam
Gritamos como pontes imaginárias
Como se à força do grito uma liga nos sustivesse
Ao que cai e ao que fica um enguiço na sina

Ao fazê-lo eu sei e vivo
Ao fazê-lo eu sei e morro
Vivo e morro no que parte, no que fica
Vivo morto, morro vivo

Que me resta senão a loucura?
À consciência não deslindo o nó
Essa angústia de ser-me nada sendo tudo
De saber-me nada pensando tudo

Quero a paz dos que brincam à ponte
E dos que oram por todos os medos
A consciência premida ou diferida
O não viver tanto à ponte

INFINITOS SINGULARES

Que há de tanto no muito que não caiba no pouco?
Que há no trilhão que concorra com o ganhar existência?
Entre o zero e o um há mais infinito que o maior dos expoentes
Há mais luz que a de todas as estrelas multiplicadas

Buscamos o infinito no infinito
E esquecemos de enxergá-lo no milagre do singular
Cansamos de zeros à direita
Quando bastaria a beleza do primeiro número

Dizemos: quão insignificante na imensidão do universo
E deveríamos dizer: quão significante no infinito do ser
Admiramos as muitas moedas
Quando sabemos da infinita utilidade do primeiro prato

Todo pequeno número parece ser sem graça
A pobreza estatística, a pobreza computacional
Toda singularidade parece ser limitada
A pobreza da percepção, a pobreza do encanto

O mais como antídoto para o complexo de inferioridade
Mesmo sem fim, a realidade do caminho
O conforto ilusório de uma possibilidade
Viagem ao colo do poder, do entendimento

A plenitude nunca está à vista

Felipe de Moraes Chaves

Nalgum horizonte, insondável, a paz
Julgar-se-á o leit motif para a vida
Que ser quando não pelo porvir?

Há mais infinitos do que nossa vã filosofia pretende
Há infinitos em toda parte
Há plenitudes à toda a vista
Vivemos afogados em infinitos singulares

A INTOLERÂNCIA DO PERFEITO

Entre mim e o outro o discurso
Essa verdade, tecido tão frágil
Não sou, percebo ser
Não sei, julgo saber

E o outro, o amado outro
Esse mesmo sabe não saber
A verdade é só o passatempo no palco da vida
A tolerância é corolário do amor

Mas o perfeito
Esse não posso conhecer
O Verbo não constrói verdades
Não comigo outro

O Verbo não pode conhecer-me
Não me acessa pela tessitura do nós
Não se identifica pelo fazer-Se em mim
Ele não precisa de mim

O Verbo, o onipresente da vida
O que antes sopra tudo e todos
O Verbo não pode tolerar o que não seja
Não pode admitir o contradito

Diante do Verbo, eu não posso ser

Felipe de Moraes Chaves

Não posso ser o que julgo ser
Não posso saber o que julgo saber
Eu não sou nada diante do Verbo

Não há nada, nem o oprimido
O que queira reconstruir o discurso em outros tempos
O que queira fazer-se maioria nalgum outro
Não há nada além do Verbo, não há outro

Curioso fazer-nos no contradito
Na dúvida e na angústia
No exercício corriqueiro da síntese
Essa sempre consenso, nunca perfeita

E ao fim restar o Verbo, o reencontro
Ser enfim o que não sei
O que nem imagino saber

AS VERDADES

Destarte há a verdade
E ouso dizê-la ainda que sem eco
E ouso dizê-la ainda que só minha
Ainda que cambiante seja a minha verdade

Proclamo-a sem o saber certo
Como sabê-lo se dela sou fruto?
Como dominá-la para tão certa assertiva
Se antes de criação é criadora?

Percebo, penso perceber
Sinto, penso sentir
Vivi, penso ter vivido
E a história, pensamento, é só imagem d´ alguma verdade

O que é a verdade, essa que se quer dita?
Que se quer plena, irrefutável, inviolável?
O que é a verdade para ser dita?

E, ainda assim, a proclamamos
Incompleta, inexata
E, ainda assim, a defendemos
Contrassenso máximo à sua expressão plena

A verdade, em verdade, não precisa ser dita
Não pode ser dita
É per si, fora do discurso
Fora do tempo, fora dos homens

Felipe de Moraes Chaves

A verdade, em verdade, não existe
Não pode existir à consciência dos homens
Não carece de reflexão, de convencimentos
A verdade, em verdade, é somente o palco da disputa de verdades

SILÊNCIO RAREFEITO

Silêncio, tão breve quanto o sonho que se tornou distante
Tão instável quanto a porta que se fez aberta
Tão triste quanto a brevidade da conquista
Tão pouco, o silêncio

Em silêncio dialogava
Personagens, tão vivos
O meu mundo, vasto mundo
Só eu o vivia

Do lado de fora
Para além da porta
Desde sempre o não silêncio
O que ignorava sendo só dentro

Choros e sorrisos, só os ouvia com os olhos
Aos ouvidos, tantos anteparos tornando-os alheios
Romance nunca lido
Lado de fora

Não sei o dia
Mas arrombaram a porta
Entraram correndo
Tudo quebrando, tudo doendo

Instaram-me desperto
Dormentes as histórias
Restaram-me os rostos

Felipe de Moraes Chaves

Rostos de sangue

Perdi o silêncio
Velaram-me a partida
À força me fizeram do outro lado
Choros e lágrimas de verdade

Vêm-me como águias
A derribar-me a altivez
A sofrear-me da sede do outro
A tornar-me menor que o sonho

Ainda vejo a porta
Distancia-se no tempo
Vez há contrapondo-me à inércia
Afastando os rostos pesados para ainda não perdê-la

É um silêncio diferente
Não a paz, mas a silenciosa luta
A luta de sair-me fora
Para ganhar-me novamente dentro

OLHAR E CAMINHAR

Havia a imensidão
E no horizonte o ponto
Havia o ponto
E no caminho a imensidão

Entre o olhar e o passo
O tempo, do ponto ou da imensidão
O olhar, tantos passos
Caminho ao encontro, ou ao total desencontro

Quando, enfim, chegado ao ponto
Na imensidão se fizer ausente o passo
E no olhar não restar horizonte
Que há de ser do tempo, então?

Caminho, e olho
Caminho, porque olho
Caminho, se não mais olho
Se à imagem recorre o ânimo

Olho, e caminho
Olho, porque caminho
Olho, se não mais caminho
Se à imagem recorre o ânimo

Entre aquela e esta
O caminhar da plena luz do já sonhado
O olhar da plena luz do horizonte

Felipe de Moraes Chaves

Que há de fato?

Mesmo ponto, à luz de um horizonte com ou sem olhos
Mesma imensidão, à luz de um caminho com ou sem pés
Já se vão todos, cegos e flagelados ao mesmo encontro
Ou desencontro

Se não olhei, não caminho
Se não caminhei, não enxergo, não sonho
E desde sempre o desencontro
Sem imensidão, sem ponto

Melhor o tempo, ainda há tempo
De olhar e caminhar
De caminhar e sonhar
E quando ao tempo chegar o encontro
Restará a vida, cega e flagelada de desencontros

VER

Ver de olhos há de consumir-se a consciência
Há de enganar-se o espírito
Há de construir-se em inalcançáveis a vida
Há de aturar-se o tempo

Ver de olhos há de fixar-se o belo
E se há o belo, tanto há de não belo
Ver de olhos há de fixar-se o imperfeito
Resvalando o perfeito ao horizonte infindo

Ver de olhos há de fixar-se o outro
Enquanto outro, serei também eu
Eu, o outro e a solidão
Eu, o outro e a imensidão

Ver de olhos há de perceber-se a luz
E as trevas
O conhecido limitará o desconhecido
E o que escapa aos olhos há de fazer-se medo

Ver de olhos há de tornar-me pranto
Conquanto tantos só me veem com olhos
Há de revestir-me com o manto fúnebre da singularidade

Ai de mim, ai de nós que com olhos, somente olhos, veem
Objetos do outro, como peças de floreio da realidade
Ai de nós, que somente em olhares conhecemos
E com todos os feios e imperfeitos negamos vez à cegueira da felici-

dade

OLHAR

Cego estou quando penso ver
E se mais não sou é porque penso ser
Penso no outro o que sou
Penso em mim o outro

Jogo de imagens que se cruzam
E no meio um encontro de tão pouco
Um enxergar tão pouco
Do outro, de mim

Ai dos cegos videntes
Enfrentarão a morte com os olhos da terra
Sem o outro, nada
Sem o outro, a cegueira absoluta do nada

Felizes os que cegam
Entre os que veem, os que não veem
Antecipam a morte
E quiçá encontram os olhos de si

Mas não há olhos de si
Tanto mais é o nada do mergulho em solidão
Quiçá outros olhos
Outros outros

Das vozes que não se lembram
Das vozes desatentas do mundo
Talvez um olhar sossegado

Felipe de Moraes Chaves

Um olhar sem espelhos

E no outro, ainda no outro
O meu olhar repousa
Mas dele seu olhar há de ser também em mim
Quem sabe um diálogo a construir o nós, enfim

O SEMPRE

São os mesmos marcos que meus olhos agora percorrem
Cansados, volteiam à fuga do mesmo
Perseguem novos horizontes, novos desencontros
Estão fartos dessa inércia que já fixa a memória na morte do velho
sempre

Sigo às voltas das circunstâncias que me conduzem aos mesmos en-
contros
Cada recanto que a vista alcança é como a luz às barras de uma prisão
de constâncias
Cada curva me acomoda o sonho à sombra do algoz que me golpeia os
sentidos
A energia se esvai anônima, incompreendida, eternizada no buraco
negro do tédio, do vazio desse quadro

De cada lembrança me haverá o fel inexorável das aparências
Ah, das aparências, cruz de quem vê
Refém das garras da fera que me confina à caverna
Contemplo sem vida a mobilidade mórbida das sombras

Enxergo o tempo...

Vivo o tempo, escravo de seus ciclos, de seus passados
Somente nos extremos da razão me sobrevirá a vista do real
No ciclo infinito, ou no ciclo instantâneo, a plenitude do finito
A significância de um presente que não se esvai, como a criança que
não se cansa de repetir o belo, o mágico, o que é alheio aos ponteiros de

nosso confinamento

À existência cobro a compreensão que a maturidade me rouba
E às feras que ladram na imagem distorcida de minha natureza
Reclamo o silêncio do encontro com o eterno
O silêncio que me haverá de distrair o tempo
E mergulhará meu presente no continuum da sinfonia de tudo que testemunha a felicidade
De tudo cujo imobilismo aparente apenas depõe como a contemplação extasiada da Criação

RUMINÂNCIAS DO SEMPRE

Silêncio...
Não, silêncio, não
Ruídos...
Não, não qualquer ruído
Ruminações sonoras da moldura do sempre

Sempre...
Desde o início ou nunca início?
Não importa, se meu início foi perturbação do infinito
Rumino inclusive o nada fundamental do antes

Rumino...
Degusto, saboreio, vivo
Sensação fugidia num universo de qualquer ruído
De qualquer desatenção

Na maior parte do tempo, seco
Penso inchar, mas só seco
Definho, morro na inanição do finito

E, no entanto, silêncio
O bafejar das folhas de sempre
Dos atritos distantes de pneus
Das memórias que nunca deixaram de ser

Sim, o mar

O quebrantar suave das ondas, as palhas de coqueiros
Nasci e morrerei ao som dessas ruminações sonoras
Morrerei?

Essas são as vozes do infinito para mim
Herança do que não era
Posteridade de tudo o que fui
Minha íntima compreensão do não tempo

Trem "cool" na lassidão do sempre
Rumino o sempre, o indelével sempre
Não me alimento, não preciso
Apenas rumino o sempre

Vida!

O NÃO TEMPO

Forçar o tempo à hora
E desta extrair o minuto
Buscando alçar o segundo
Perder-se ao instante

Correr ao mais distante
Voltar a toda pressa
Ficar não mais que um átimo
Para não perder o tempo

E o tempo, esse difícil encontro
Faz-se ao largo todo o tempo
Está lá, quando estou cá
Está ontem quando estiver amanhã

Farto de tanto peso
De tantos risos de aflição
De tantos choros silenciosos
Está o tempo sempre à margem

Estira-se à sombra enquanto corro
Refestela-se ao ócio enquanto suo
E de minha face afogueada
Ou de minhas conquistas alardeadas
Faz-se néscio nessa terra em transe

Faz-se o tempo não de bagagens
Não das viagens que ousei trilhar

Felipe de Moraes Chaves

Faz-se o tempo não das histórias
Das tantas histórias que só quero ajuntar

Faz-se o tempo das poucas histórias
Das pouquíssimas histórias
Da única história
De um dia parar

É preguiçoso posto que denso
Caminha sempre à velocidade do mais lento
Sem rostos que deixam de ficar
Sem horas que deixam de estar

Não tem horizontes, posto que é hoje
Não tem distâncias, posto que não chega
Apenas caminha ao caminhar tardio
E a cena carrega sem o peso do não tempo

A CONSCIÊNCIA DE TUDO

De quanta seriedade há de ser construído, pensado, o presente?
Ponto na longa linha da história, que há de ser o tempo de minha
vida?
Em mesmas voltas estou a enredar os meus afazeres
A cozer tecido etéreo, desfiado ao vento da geração seguinte

Penso nos tantos que hão sido
E nos outros tantos que haverão de ser
E eu, aqui, agora, centrado à energia do profundo autoengano
Aos risos e prantos de tão breve soluço histórico

Ousar o não ser
Estender-me ao que não fui e não serei
Assimilar o passado e sonhar o futuro, que faz à vida?
Não me constrói em ser se apenas não vivo

A consciência de tudo, alheia ao próprio tempo
Recusa haver-se de passado ou futuro
De partidas ou chegadas
De mim e dos outros

O SENTIDO DA VIDA

Ouvi as questões mal respondidas
E de tanta sabedoria exaurira minhas impressões
Que de tudo, ao instante seguinte, me ficou apenas o pensamento
Alguma lembrança arquivada na estante das frases perfeitas

Ainda depois que os sorrisos e os olhares iluminados esgotaram o drama
Me vi ao relento, sozinho, acompanhando a roda-viva em derredor
E de tantos sons e visões me alimentou o espírito
Que já sem demora as respostas se tornaram incompletas, vazias...

Felizes aqueles cuja vida não é dada a desatenções
Não precisam pensar o que já vivem
E como ao intelecto surpreende a inquirição do sentido da vida
Assim também a inscrição de razões plenas lhes torna obsoleta a pergunta

Quando às abstrações se recorre na busca de verdades fundamentais
Também desvestidos, descompostos, se veem os desassossegos últimos do existir
O que ao intelecto se traveste de profundo
É a superfície de uma realidade cuja profundidade está no polo oposto

Aprendi não com as palavras
Mas com as determinações de gentes simples
Em sua faina de superação diária
O sentido do existir

Ousando, acreditam
Amando, se entregam
À testemunha do milagre do sorriso de seus filhos
Se acorrentam à força do querer

O SORTILÉGIO DA TRANSPOSIÇÃO

Há sempre uma história a completar nossos vazios
Como pedras que emergem ao longo do caminho errante
Assim são sustentos os pés para que não mergulhem no pântano
Assim medram os passos da caminhada

Entre uma e outra música
Entre uma e outra janela que se abre aos sentidos
Vivemos a emoção da lembrança do desconhecido
Nos tornamos próximos ao sentimento que nos infunde um passado
sem rostos

O toque suave dessas sensações tão etéreas
É como o sibilar do pássaro da criação que se insinua entre as rochas
firmes da realidade
É como a corrente de águas mornas que permeia os secos caminhos de
nossas desilusões

Nos transpomos não ao outro, mas ao todo
A um todo indizível por não ser o todo do ajuntamento
Mas o todo da completude do mundo
A visão rápida do atemporal, sublimação do finito, morrediço

Aos olhos parecerá estranha a amplidão do horizonte que não vê
E ainda mesmo à mente buscar-se-á o além dos dias felizes
Assim passam-se os momentos em que o sonho trespassa as amarras
da imaginação

E habita tão perto que nos infunde o grito do paraíso

ATRÁS DAS CENAS

Caminho, e o caminho é tão caminho
Tão pronto entre dois pontos
Tão intervalo sendo também ponto

Às vezes o caminho tem movimento
Tem cenário e, no entanto, apenas cenário
O caminho é uma encenação, um grande palco
Personagens!

As vestes, as feições
As pressas, as vagarezas
Os ruídos, as previsíveis expressões
É a mesma peça em novo dia

Personagens!
Que há além?
Só o caminho com paisagem
E, no entanto, (des)encontros

Que há além da cena, além da veste do personagem?
Que há além de mim que não largo ser paisagem?
Que há em tantos rostos de sofrimento e realidade?
De verdade e felicidade?

É só caminho
Os anos, as horas, tudo passa, e os personagens
Atores partem, e não percebo
A vida parte, e só paisagem

Ai de ti, oh vida!
Seja Ti, oh Vida!
Da coxia espias o palco
E aguardas ansiosa o sair de cena

PROTAGONISTAS

De quantos lados vieram?
De quantas histórias se trata?
Tudo sempre tão múltiplo
Tudo, tudo sempre

Eis que está escrito
Nalgum roteiro todos estão
Mas o roteiro nunca é tão múltiplo
A história é de tão poucos...

Que há de ser do não narrado
Que há de ser do escondido
E, no entanto, tão vivo?
Que há de ser do que desconheço?

Estão lá tantos roteiros
A mesma cena e tantos filmes
Nó de tantas chegadas
Tantos silêncios de tanto verbo

Sigam as poucas palavras

As emoções ralas
As passagens sem fala

Meus aplausos, meus espantos
Meus sentimentos, meus olhares
Percorro o roteiro sem notar-lhes
Entram e saem sem mesmo um nome

E o grito, a voz altiva
A que reverbera com todos os sóis
Essa única reclama a vida
Todos secos de qualquer vida

FIGURANTES

Lá está a cena
Há sempre um narrador
Ele sempre está, mesmo sem voz e sem rosto
Ele sempre está a guiar-me o olhar

Lá está a cena
Tudo se reduz a uma fala
Uma consciência, uma cabeça
Aquele de quem leio as angústias e medos

Lá está a cena
E eu nela
Eu mesmo narrador
Eu mesmo ator

Lá está a cena e alguns poucos
Tudo tão pouco, às vezes só mesmo eu
Todos tão figurantes
E sempre tão protagonistas

Eu passo e são só rostos

São só lágrimas ou sorrisos ao meu caminhar
Eu escolho
Nunca escolho todos

Lá está a cena
Às vezes tão densa
E sempre de tantas ausências

Lá está a cena
De alguns eu lembrarei
E sempre tantos outros
Tantos somente rostos

Lá está a cena
E eu me vou
Outros se vão
Lá está a cena que penso ter sido de tão poucos

FORA DO PALCO

Daqui já não me veem
Invisível, permaneço como ator na plateia
Minha fala foi tolhida
E o roteiro, continua com outras tramas

Eu, personagem, fiquei congelado n´ alguma cena
Sou figurante, se muito for
Aprisionado em minha última expressão
Talvez ainda partícipe inanimado da narrativa

A história segue
Eu tinha outras falas
Meu personagem, outros caminhos
Eu, ator, outra vida

Nada posso que não seja o que outros construam
Nada importa além dos que outros conjecturem
Eu, ator, eu, pessoa para além do palco
Sozinho estou no labirinto de minha consciência

Procuro a saída, procuro o contato
Mas a cena não é só dos atores

Também a plateia, atenta, nela constrói-se em apupos e ovações
Sou por ela, apenas

Nesses atos sem fim
Nesse ir e vir de novos atores
Só os personagens permanecem
Todos estão como eu aqui

Somos todos invisíveis!

O TEATRO DA VIDA

Quando ao mundo for alçado
E no teatro assumir o papel
Seja o autor

Quando ao mundo for conformado
E lhe impuserem um personagem
Deixe-se, de vez em quando, assistir aos ensaios

Depois de uma peça a única coisa que se mantém é o cenário para o
dia seguinte
Trabalhe no silêncio das luzes
Poste-se em qualquer lugar, assuma qualquer papel

Quem está na plateia?
Vazia, a existência é deposta do personagem
Só há teatro com audiência
Mesmo o monólogo é um diálogo com a atenção do outro

Assim, na escuridão das vozes e ouvidos
No silêncio dos olhos
Rememore as falas, as ações
Rememore os personagens

Escute o inaudível
Veja o invisível
Tudo está descrito no roteiro
Nas páginas que se consomem nos aplausos e apupos da plateia

*Sozinho, terá como companhia apenas o tempo para o espetáculo
seguinte*
E se mais não bastar o reviver de um roteiro já plenamente dominado
pela repetição de tantos anos

Entregue-se, chore, descubra o vazio
No tédio da solidão redescubra a liberdade
E corra, corra como nunca, ao encontro do pai, do filho, do amigo

DESPERTAR

Acordei mais cedo
E no silêncio de tudo, de ruídos e ventos, a aurora surgia preguiçosa
no horizonte
Pela janela, divisei o quadro azul e branco que se descortinava
Convenci-me do novo dia

Entre o sonho que me embalara a noite
E a visão que me alertava o mundo
Permaneci na magia da transição
Ainda com a ilusão da linha contínua

Desejei não mais que a meia-luz da aurora em meus olhos semicerra-
dos
Não mais que os pássaros em meus ouvidos apaziguados
Como um observador anônimo, me perdi ao quadro perfeito
Desfeito lentamente nas matizes e sons que se avolumavam

A tinta que lhe dera os contornos indefinidos de sombras
Derretia pelo alçar da luz
E o silêncio com que aprisionara a beleza
Era perturbado pela multiplicidade da urbe

Meu olhar, que se juntara às emoções frescas do sonho
Agora era desviado ao relógio
Era a hora de despertar para o mundo
E adormecer para a vida

EMOÇÕES

Meu coração é um amálgama de onde não consigo extrair o cerne
No caldo de emoções que afloram e refloram tento acompanhar a música que me é soprada
E de tudo extraio a beleza de estar neste momento no silêncio, na balbúrdia, no viver

Tal é o ânimo, ou antes a certeza
Que de tal forma pequena resta qualquer emoção particular
Qualquer aprisionamento que me limite o exercício da liberdade do infinito de tudo
E de tudo, de todos, experimentar o rescaldo sublime do sopro do Espírito

Ouço o desenrolar das palavras e das notas que me embalam o sonho
E, olhar fixo ao alto, contemplo o tempo, ou antes o templo
De todas as coisas que de tudo há de ser visto, tocado, sentido

Meu coração longe está na viagem cujos portos vêm se amontoando no pulsar destas notas que não cessam de me levar além

Volto à face os olhos mil que me passam à frente
E qualquer será meu nesta noite
E me falará das maravilhas do viver
Mesmo que seu brilho não dure mais que o breve relâmpago de um cruzar ardente de paixão

Serão testemunhos de minha aura
Dispersa, perseguida pelas memórias que em mim fizeram abrigo

Felipe de Moraes Chaves

Mesmo que ao passado real não renda votos
Mas ao ideal de todos os sonhos

Viverá meu pensamento entre as brumas que a razão não contempla
Sentirá sempre o palpitar de um passado-futuro esquecido do pre-
sente
Retornará a criança que se faz sonho
E em tudo experimentará o novo
Como se de há muito não escapara a vida

A VIDA ESCONDIDA

Esgueira-se a vida à sombra da normalidade
De tempos em tempos, à proteção da árvore da rotina
Vem um raio de sol conferir-lhe um brilho alvissareiro
Uma sequer lembrança antes que o balouçar da copa lhe desvie o
encontro

Esgueira-se a vida à sombra do infortúnio
Tornado pedra a conter-lhe o ímpeto do grito
A sufocar-lhe o ânimo dilacerante do reencontro
A impor-lhe à boca o silêncio da solidão

Esgueira-se a vida à sombra dos outros
Capatazes que lhe negam o palco da desenvoltura
Algozes a impor-lhe as amarras do desencanto
A conferir-lhe o olhar cabisbaixo dos adestrados

Esgueira-se a vida à sombra de mim mesmo
Estúpido em não admitir-lhe a força
Míope em confundir-lhe as verdades
Cortês com o que lhe nega o viço

Ah, vida, vida, se mais não fosse a consciência de tudo

Do tudo que não é, que não encanta
Do tudo que é paisagem sem ser poesia
Do tudo que é voz sem ser canção
Do tudo que é riso sem ser alegria
Do tudo que é beijo sem ser paixão

Felipe de Moraes Chaves

Do tudo que é vez sendo talvez
Do tudo que é tudo sendo nada

O SEMPRE INCOMODADO

Sentei num banco qualquer do parque
A liberdade de não pensar em nada
Ter o silêncio por companheiro d´ alma
Esperar o acaso, talvez, a surpreender o tempo

O nada é incômodo para os sempre incomodados
Ao obséquio do silêncio não se garante foro
Alienado aquele que se satisfaz no nada
Réu confesso para os sempre incomodados

O acaso nem sempre é o caso
O causo folgado de contar-se em memória
O acaso reservou-me um sempre incomodado
Sentou-me ao lado em silêncio

Silêncios nem sempre dialogam ou se alheiam
Às vezes se engalfinham em discussões inauditas
Muito mais violentas que as manifestações onerosas
Foi o caso com o silêncio do lado

Entre olhares de soslaio
Corpos que falam em respirações, posições e trejeitos
Era o incômodo que me assaltava o nada
A liberdade de não pensar

A animosidade nos era uma tenda invisível

E os horizontes se fecharam rápido ao não encontro
À ridícula cena de um estranhamento imotivado
Inimigos personificados de nossos mundos subjetivos

Talvez sentado à esquerda, não lembro bem
Seria eu o rentista a ignorar as misérias sociais?
Ou à minha direita, se ainda lembrasse
Seria eu o barnabé a curtir a ociosidade?

Ao sempre incomodado
Precisava caber-me nalgum tipo
Definir-me logo pela roupa, pelos sapatos, pelas maneiras
Conjugar-me em símbolos a me aprisionar em aparências

E me roubava a liberdade do nada
Isso sim me incomodava
Trazia-me a lembrança do papel
Nem que fosse a defender-me

Suas investidas silenciosas e vorazes
Faziam-me afastar ou reagir
Coreografia de mundos sedentos de significado
Ainda que no outro só se veja a presa

Durou um não tempo esse desencontro
Entre mortos e feridos, foi-se aquele
Sem aviso, deflagrou-me um último ataque
Uma flecha mordaz encontrou-me indefeso

Já longe virou-se e vi um sorriso
Pareceu-me dizer: seu babaca, talvez
Saíra com meu silêncio
E deixara-me o incômodo

INTOLERÂNCIA

Quando ao coração reclamei o apoio à visão que maculava o ideal
Chegou-me de pronto a adesão da fera
Na concupiscência do irracional orgulho
Afoguei as dádivas do encontro

Mirei sem pejo aquele que me estendia o sorriso
E ao ósculo que me enojou a face
Contraí os músculos para não revelar o rubor odioso de meus senti-
mentos
O ignóbil que me consumia os lampejos últimos de uma razão
premida ao rés de um edifício de desconstruções

Desconstruído a mim mesmo
Quando aos livros recorria a ilusão de um coração nobre
Verti o fel das mais íntimas incompreensões
Da mais atávica das irracionalidades

Ignorei e ao segundo odiei
Fuji e ao momento enfrentei
Sufoquei e não mais retive o que os olhos flamejaram no espelho des-
sas obscuridades d´alma

No silêncio concluímos a distância

Nos afastamos sem nunca termos experimentado o encontro
Nos despegamos sem nunca termos sentido o afago
Nos olhamos numa última esperança

Felipe de Moraes Chaves

No correr de seus passos me acorreram os compassos
As lembranças sutis das mesmas pegadas que me voltaram o vazio
O imenso vazio que esgotou o alimento da fera
- Meu irmão - gritei – me perdoa!

AS MÚLTIPLAS FACES DO MESMO HOMEM

Relato
Fato
Tato
Calo

Ouvir
Sentir
O outro
Paro

A face
O outro
Desejos falo

Os teus
Os meus
Momentos
Raros

Estar
Ausente
Presente
Caso

De caso a caso
História passo

Felipe de Moraes Chaves

De mim, do outro
Fazer o passo

A morte, a vida
A vida passa
A morte, a vida
A morte passa

Ouvir, sentir, o fato raro
Viver, morrer em dia claro
O outro, o outro
Buraco raso

Viver o outro
O outro em mim
Memória, história
Etérea palha

ENCONTROS

Entre tantos desencontros há de se firmar o encontro
E mais não passa a algazarra selada às vozes dos que alheios esperam
Ou sequer esperam, quem sabe a hora
Quem sabe a vida, enfim, de encanto?

Há de ser como vozes
Ou antes silêncios de olhares estranhos
Donde perderá o tino a forma do conviver
De sofrer, de morrer?

Ah, sentido ausente
Permanece como balbucio, mesmo um sopro interno
Um desejo, uma ideia
Conforme a morte, tão desconforme a existência

Existência é palavra fraca
Mais sejam histórias, histórias tão díspares
Memórias, amizades, pensamentos, olhares...
Não, não o olhar, que me trai o encontro

Ainda assim próximos e tão longe
E essa angústia, outrora esperança
O amor, pensei no amor
Ele, razão da loucura

Há de ser o amor,
Há de ser o amor
A face que não vejo, o silêncio ou a palavra que não percebo

Felipe de Moraes Chaves

Quem sabe a morte a depurar as tantas vestes

Criança
Crianças
Um grande jardim
E a inocência de todos os encontros a reaprender o outro

DESENCONTROS

Às vezes nos vemos atrasados, desprevenidos
Parece que o momento é chegado e ainda a história se desenrola
Ficamos enrolados nalguma esquina
E o bonde passou e nos pega à frente
Cruzando com a sombra do porvir de um braço que acena distante

Ele cruza e não para...
Porque na estação vazia ficou apenas o destino sem rumo
Lamento solitário num banco que se decompõe lentamente com o
afastar do bonde...

Ainda uma voz grita distante do carro que se vai longe
É a saudade daquele que teria sido nosso amigo, parceiro
Daquela que teria sido nossa paixão, apoio
Do universo dos paralelos possíveis ou na lágrima da face divina

De desencontros faz-se o não destino
A vida inexplicada, inexplicável, inacabada
Nos desencontros jaz a energia do mundo
Deleite dos males nos vazios d'almas

ENTREMENTES

Entrementes
Entre mentes
Que há de ser ao meio
Se aos extremos não há argolas?

Viver ao meio
Balouçar entre as certezas do que não sei
Entre o certo que me chega
E o incerto que se achega

Penso sentir a tensão da corda
Dessa corda que mantém a mente sã
Posta a ordem da razão
Reposta a dúvida de um novo encontro

Cambaleio cego nesse tempo-corda
Volteio a vista, mas não enxergo
Clamam eles, todos eles
Vozes sem rosto, quiçá o tino

Não me chega à mão o mastro
Somente tenho a ilusão
Dessa tensão que me dizem ter
Mergulho infindo no nada de tudo

O SINAL

Havia um ônibus
E tantos outros carros ao derredor
Havia gentes
E tão poucas outras ao derredor

Ao sinal que lhes anunciou a parada breve o encontro de olhares
E de tantas realidades...
Por detrás da leitura superficial, mesmo da pretensa superior inda-
gação ideológica
Tantas camadas de tantos outros

Em tantos outros, o paradoxo da vida em desencontro
Desconhecida de si mesma
O imergir sem fôlego, sem luz, sem oxigênio
O descer lento da escuridão que se afoga no mar de luz

Ao desvio dos olhares impacientes com a parada que lhes perturba o
ritmo do pesadelo
Ao desvio dos olhares que se incomodam com o aflorar da verdade
O sopesar de um ritmo dissonante
E, apesar, vivo

No silêncio contemplaram um horizonte finito
E à prisão de suas mentes perderam o cruzar do infinito
Não sorriram, não entenderam, não guardaram, não amaram
Passaram com a certeza do desencontro
Ainda que à superfície só o inconsciente lhes registrasse o fato

Felipe de Moraes Chaves

O sinal abriu, o ônibus se foi
E à sua volta tantos carros eu vi

BALBÚRDIA

À ágora acorrem as emoções de todos os lados
Alardeiam suas histórias, suas tantas histórias
Procuram-se às outras o rosto ausente
Aquele a ditar-lhe o sopro presente

Babel de sinais a vestir-se em transe
A confiar ao alheio suas cargas de anos
O conhecido há de sempre desconhecer-se
Para tornar à ágora sua voz sem resposta

Há o momento que basta
Chega desses tantos, múltiplos desencontros
Não há de ser aqui, neste mar de passados
A requerer o presente

Somente o silêncio, o estrito silêncio
A noite de sono, de ardor ausente
Há de despachá-las aos montes, impor nova sina
Em vigília deitá-las à tela do ontem

CORES

O artista tem a paleta
Sobre o uno distingue o singular
Cria a ilusão do ser
Do ser sem saber

Nada sois, oh paisagem de múltiplas cores
Nada que antes o uno já não me falasse
E, no entanto, sois
Sois todos os sóis que me permitem também ser

Sois como o branco de um pássaro que volteia ao fundo cinza
Sois como a letargia de nuvens em céu sem brisa
Verdes entremeados de outros verdes
Amarelos entre brilhos e foscos

Sois assim, a me definir horizontes
A me guardar distâncias
A me confirmar o outro

Sois, no entanto, apenas cores
E sob tantas pinceladas ainda resta a tela sem cor
Ainda aquela sobre a qual o hoje é diferente amanhã
E o começo é recomeço

Sois, ou não sois?
Sois a ilusão de ser
Do ser sem saber
Do ser sobre o Ser

Fecho os olhos
Há lembranças
Que se vão!
Quero descolorir

Quero voltar à tela branca
Ao plano sem perspectiva
Ao nada distante
Ao tudo indistinto

Fecho os olhos
Tateio, percebo
O nada é tão infindo
Tão infindo que é tudo

E ainda é nada!
Me voltem as cores!

DIAS NUBLADOS

Outro dia a luz me visitara
Quase sempre é ela a visitar-me
A esbaldar-me numa claridade de espírito ausente

Hoje não é a luz
Há um céu sombrio
Um vento frio
O silêncio

Mais que a noite, porquanto dos notívagos
Mais que a noite, o silêncio chega com as nuvens cinzas
Vozes constrangidas pelo pesado nimbo

Gosto do silêncio
Gosto do plúmbeo que se agiganta
Que não se precipite
Apenas descolora

Não se pinta um quadro já repleto de cores
Em tanto se admira, mas não se pinta
Alma desperta por qualquer que se interponha
Ainda há pouco vi um bando avoando

Gosto do singular
À luz são tantos
Tudo esfuziante a misturar-se sem distinção
Tudo tão explícito que nada deixa ao artista

Gosto do cinza de fundo
Do que furta todas as cores, das águas e das gentes
Gosto da ameaça de chuva
Da ameaça da lavagem de todas as misérias

Que fique na ameaça
Que não se precipite em dilúvio
Que seja ainda o tempo da arte
Não da expiação copiosa

Vejo o vento a desenhar em minh´alma
A construir-me em desejo de amar
A resgatar-me como fonte de luz
Desejo de recolorir com meu próprio pincel

Sim, é a minha singularidade
Sou eu identificado aos pássaros, ao vento, às breves perturbações do silêncio
Sou eu e as águas plácidas deste rio refletindo tons de cinza
Sou eu, a tela, a cor e pincel

VIDA?

Quanto há de enganos
De vestes à vida para fugi-la ao brilho da morte?
Quanto há de rodeios e medos
De tempos e enredos a entreter o inexorável encontro?

Ah, doce vida (do outro)
Ah, vida do outro (do tipo)
Vida do tipo, que outro?
Do tipo outro, o homem etéreo, sem rosto, sem carne

Quantas marcas a nos almofadar o trajeto
Sim, elas estão lá, além de mim
Antes e depois, não, o depois não quero pensar
Me salvam à memória de um tempo sem dor, sem fim

Quando muito a dor controlada
Regrada ao tempo antes e depois da pipoca
Ah, a pipoca, símbolo que me resgata ao meu próprio tempo
Passeios floridos entre as efusões de símbolos

Alguém falou em significados?
Quem os procura ainda numa terra de tanta profusão?
Ao lado de cá e de lá, acima e abaixo
Ei-los todos a desfilar para mim
Para mim, sim, a subtrair-me as trevas

Pobre herói percorrendo aqueles labirintos escuros
Que belos efeitos, que sustos, será que morreu?

Não sei, quem sabe?
Eles sempre revivem, aguarde o próximo

E se não reviver?
Terei saudades... Nunca mais...
Haverá outros, você esquece
Esqueço? E se não esquecer?

VIDA

A vida é como ondas cujos picos e vales se reforçam
E deformam
A vida é como água cujos humores se defloram
E reformam
A vida é como tempos cujas horas se atravessam
E não morrem

Tecido franzido, inflado, amalgamado
O que hoje é aqui tensiona o que hoje fora, é ou será alhures
Ao sabor do sopro do espírito
Ora forte, ora suave brisa
Enreda singularidades na superfície de uma infinidade de filamentos

Entre expansões e tensões fixa-se o diferente
A relação não homogênea, a convicção do ser
Ser em força de ação e reação
Ser em visão estendida nos desníveis e aglomerados

Ilusão de corpos estranhos
Não há nada estranho quando à mesma substância
Mesmo à mesmice de fibras unidas em tecido
O todo balouça em mágico movimento de...
Vida!

Alto e baixo
Junto e distante
Tensionado ou tranquilo
Eia espírito que nos oferece o encanto do movimento

Alto e baixo
Junto e distante
Tensionado ou tranquilo
E a consciência que nos oferece o engano do sempre e da certeza de um
poder... vazio

VERSO E ANVERSO

Ao anverso há de tirar-se o verso
E se em versos subtraio o anverso
Que há de ser do novo verso?

Entre um e outro viro a folha
Ora um lado, ora outro
Ora sou algo do outro

Assim vai-se à pena boba
Juntando a luz e a treva
Tecendo a alegria e a tristeza
Aviando-se a nova emoção

À dose tem-se um ou outro
Se duas medidas hoje faço
Se uma apenas ontem fosse
Há de ser tecido novo

Assim a história de um poema
Os silêncios do anverso
As pausas do ora outro
As tensões entre um e outro

Não mais que o resgate do outro lado
Do sempre lado negado à rotina
As conformações cegas de um ditado oco
De um ir e vir sem caminhos
De um dia sem lembrar da noite

Ao papel que apela à tinta
Resta o branco de seus dias virgens
Se ao verso não dá-se fôlego
Que silêncio há de nascer de novo
Nova folha à alma em sede?

RESSURGIR

Ai dos que atestam o tempo
Conferindo-lhe o peso dos arquétipos
Do convencionado ser
E do não ser
Mesmos as mais fortes naus
Os Ulisses destemidos
As amarras mais firmes
Sucumbem ao carimbo dos anos

Capitão! Capitão!
Que há, jovem marinheiro?
Por mais passamos à sereia, passamos!
Ainda, assim, filho, retumba em meu ouvido a voz altiva do destino

Há de ser este o nome de sereia tão bela?
A sina, a sorte, assim mais fácil o encontro
Há de ser ela, filho
Há de ser ela a reverberar sem dó nestes ouvidos de tantos nós?

Capitão, capitão, passamos!
Canto não há, sereia não há
Mais bela a terra que se anuncia no horizonte
E o chilrear das gaivotas que dão vivas à boa nova

Chega-te, filho
E sê-me a voz que agigante o ânimo
Pois já o ânimo não largou o vício
De desejar-me às pedras da bela Sina

Capitão, meu capitão
Que há em vício o que outrora viço?
Alarga-te a tísica a te fazer ausente
A deitar-te ao largo de tão bela vista?

Vem à mão mirar o tanto
O tanto há de conquistar-se aos montes
E se Sina chamas o destino
Que seja a sina de fazer-te grande

Deixai a pedra ao premido instante
Instante apenas de tão larga viagem
À Sorte que deseje outros
A nossa sorte já à frente encanta

E mais amarras não hão de ser
Porque se lá a morte ignóbil houvera
Aqui a glória é o que nos espera
O nobre nome do valente Ulisses

Valei-me os ditos, marinheiro sábio
Valei-me as vestes de um rei coroado
Que há de tanto a sedar-me o espírito
Aquele canto, a minha Sina?

Esquecer-me, devesse
Cercear-me a consciência, quisera
Mas à vontade não tenho o mando
O feliz comando de ressurgir ao canto

Capitão, capitão, que lhe fizeram os tantos anos?
Ainda aqui, a bombordo, o mundo novo
E acolá, a estibordo, o que passamos
Ao mar ficamos derivando ao canto?

Veja os homens
Já se amontoam a bombordo

Felipe de Moraes Chaves

Não tenha pressa, há de passar
E logo a sorte de um novo encanto

Filho, os tantos anos
Os tantos anos, os tantos anos...

Pula Ulisses ao mar a estibordo.

NÁUFRAGO NAVEGANTE

Quando à força vem o impulso perturbar o interdito d´alma
As longuíssimas extensões modorrentas da roda-viva
E à hora primeira anuncia o encanto
Tanto há de mais como de menos

Nem tudo que de ti brota, oh coração vacilante
Nem tudo que em ti cresce, oh coração inconstante
Nem tudo que seja teu é verdadeiramente teu
Vagas que acorrem à praia ou levam ao encontro do intransponível
rochedo

Do paraíso que em visão mais ou menos turva se faz a alma sedenta
Navega o homem em calmaria ou à mão firme de ventos intensos
Dos ventos intensos se ocupa o impulso
Ainda que a muitos ocorra baixar a vela

Dos ventos intensos se ocupa o impulso
E a pulso conduz a alma sem horizonte definido
Navegar é preciso, mas até mais não ser ou ser enfim?
Tantos "não ser" em encontro a sólidos rochedos...

Conserva-te o barco, oh viajante incauto
De tantos "não ser" talvez enfim o ser
A praia firme de benfazejo repouso
Mas que repouso se dos mares vem sempre o canto...?

Felipe de Moraes Chaves

Ah, sereia da vida que me rouba o tino
Ah, sereia que me faz de cada chegada uma partida
Não sou da terra, sou do mar
Não sou do mar, sou um náufrago navegante

VELA E MARES

Se à vela ousasse falar o mastro em tempo de calmaria
- Que estás a ser senão peso para mim?
Que seria à tormenta o pedido inclemente
- Anda-te a tirar-nos longe daqui?

Pesa o vento, antes ausente
O vento do tempo a inflar-te os panos
A fazer-te rija para conter-lhe o ímpeto
A acumular-te em busca de novo porto

Sopra o vento, passa o tempo
Sopra o vento, por quanto tempo?
Sopra o tempo que te adianta
Que te faz mares e portos distantes

Melhor diria, quem sabe outrora
Vela nova, repousada ao mastro:
- Deixa-me ao sono deste convés largo
- Deixa-me à brisa deste dia tão claro

Que diria dos tantos mares, dos tantos portos deveras fartos
Fartos da vida de tantos faustos
De tantos atos
De tantos nós

Que diria dos tantos tempos a inflar-te agora
A deixar-te encardida de tantos sois
Encharcada das águas de tantos céus?

Felipe de Moraes Chaves

Que levaria consigo
À ultima tempestade, à última enfim
A última amarra da liberdade
Rompida ao mastro por fim?

Que levaria, agora sem peso
Sem o tempo a inflar-te o rijo
Que levaria, agora pena
Agora brisa a fazer-se tempo
A trazer a saudade de mundos sem fim?

SER O NÃO SER

Maior o som das vias estreitas
Premido, o movimento se agiganta, eleva-se além do comezinho
Reclama o aperto
Indulgencia o ser

E, no entanto, que ser?
O turbilhão que passa célere conhecendo apenas sua própria pressa de
dar vazão
Que ser conserva além de sua própria urgência?

Margens ásperas, atritos que lhe arrancam a roupa
Que fica além do nu do próprio desespero?
À sorte dos empurrões que lhe roubam o arbítrio
Que resta além do olhar aflito ao horizonte?

Assim é o homem, ou antes a escolha
Escolha também dos que não souberam escolher
E, no entanto, é isso?
Ser o não ser?

Ser ou não ser
Ser o não ser
Shakespeare, há tanto mais à dúvida cartesiana
Há tanto de nada a decidir

Em medida somos
Em medida a vazão segue seu curso inexorável
E as vozes do burburinho se agigantam

Dominam a cena rumo ao infinito de um efêmero desfeito ou de um todo perfeito

O OLHAR LIVRE

Almejo o dia em que o mar seja simplesmente mar
E qualquer paisagem um deleite inconsequente do olhar
Almejo o dia em que o silêncio seja o êxtase da perdição do eu
Mergulho inclemente na irracionalidade do todo

Por enquanto, tateio o sonho esquecido
A felicidade recoberta de tantas razões
Quanto mais recuso o treino do olhar
Mais me vem à tona a responsabilidade do amar

Não, não é possível a conciliação
Não neste mundo de tantos finitos
De tantas convicções bobas
E de tantas atenções ao futuro

Já nascemos perdidos do eterno
Rarefeitos em ponteiros para tudo
E em tudo buscamos o fazer, a mão do homem
A construir, reconstruir...
A simplesmente destruir...

PRESENTE FUTURO

Minh´ alma inconstante alonga o pensamento
E no distante e seguro horizonte
Visão de um futuro qualquer
Permanece imóvel sorvendo os acasos, os percalços
Do esquecido presente

Afoga em riso, ainda que escondido
As agruras de um mundo cuja corrida inclemente
Não deixa pegadas, esquece as passadas
Perseguição implacável de um horizonte perdido
Que a visão não revela

Apenas o tempo, o tempo inclemente
Névoa presente, permanente, da glória inaudível
Preciso do momento, e da corrida presente
Ora desejo o bólido, ora a plateia
No intermédio, túnel da vida
Meus olhos aflitos
Buscam o fito do equilíbrio feliz

POR AÍ

Às vezes me dá o tino, ou o desatino
Me vejo às ruas, entre tantos outros
Tão só, e ao tempo tão outro
Tão calado, e ao tempo tantas vozes

Ando por aí
À brisa de qualquer lugar
À emoção de qualquer esquina
Ao encontro de qualquer um

Sem bagagem, sem eira
Deixando ao caminho o que me vem em peso
O que passa em tantas faces e apelos
Seguindo à brisa de outro lugar

Ando por ais e visuais
Ando por camas e catedrais
Ando por passos e compassos
E mais à rima que à melodia

Ando por aí
Por aí apenas
Eu e a brisa
Eu e o tempo

MUDANÇA DE ARES

Passei de um ao outro lado
Da frente para trás
Da direita para a esquerda
De uma paisagem a outra

Sinto falta dantes
Do que deveras apreciava
Do que deveras animava
Horizontes de cinzas e luzes

Persigo em memória
A rotina dantes tão calma
Persigo em memória
O efêmero ser do quase nada

Nada que não fosse tudo
Em versos ainda de precário registro
Antes o tudo que ao dia outro
Fazia-se quase nada por costume

Agora outro lado, outros sonhos
À paisagem que me invade a janela
Remeto a carga de novos auspícios
Nova estrofe ao poema da vida

Nalgum dia, quando tudo fugir
Sem mais paisagens, sem novos ares
Nalgum dia, quando tudo ruir

Quem sabe o encanto do poema feito

LUZ E SOMBRA

Receio a luz
Receio o que vem depois da luz
Em quarto escuro não há mais temor
À luz há sempre a ameaça da escuridão

Ao escuro a lassidão
Mas à luz, à luz que chama
Que encanta e sonha
A essa luz não se acostuma o escuro

Receio a luz no que traz de tempo
Da certeza de que não brilhará sempre
Receio a luz no que traz de findo
Sendo tão infinda a sua alegria

Fujo da luz
Covarde sou por desejar-lhe infame
Mensageira de tantos enganos

À luz se vê sempre a sombra
A sombra que lhe acompanha o passo
Que não lhe foge ao encalço
Que transgride sua onipresença

Melhor a vida em quarto escuro
Passado o susto de sua chegada
Não há mais sombras
Não há mais nada

Mas não esqueço, e me contorço
A mente é qual sombra invertida
Onipresença que transgride a sombra

Entre um e outro ainda sofro
Os pecados rasos destes dias
Os mergulhos vãos destes dias
As alegrias tristes destes dias

MINHA FILHA À MESA

A mesa, minha filha
Minha filha, a mesa
A mesa
A filha

Corre em alegria
Em volta da mesa se refugia
Senta e há a mesa
Eu, nostalgia

Sou aqui e ontem
A mesa, aqui e ontem
Ela, só aqui

Um dia, a mesa
Minha filha, distante
Eu e a mesa
Ela lá, eu aqui

E a saudade,
Dantes dela com a mesa
Entre o hoje e o ontem
Da criança que ainda vejo

Ah, a saudade
Dela que não mais verei
Da mesa que me dirá
Só resta a ti

ELA (NÃO) PARTIRÁ!

Sim, ela partirá amanhã
A criança certamente partirá
Posso antecipar o vazio
Posso derramar a água do copo hoje

Ela partirá sem ciclos
Não a ilusão do dia seguinte
Não essa repetição que faz do infinito uma sucessão de finitos
Ela partirá sem voltas

Isso que sei memória de amanhã
Não a minha, que vivo sem saber
Mas a do outro, que vive sob meu olhar
Isso que sei meu pelo outro

Ela partirá sem choros de partida
Sem sorrisos de retorno
Seu finito termina aqui, tão vivo
Tão vivo e certo que não posso contê-lo

O tempo, esse companheiro de minha finitude

Felipe de Moraes Chaves

Não posso contá-la em anos
Não é o bastante
Não posso simplesmente contá-la

Antecipar não resolve
Não há projeto futuro
Não há além dela
Não há o pós finito

Tempo, tempo, não posso ter-te com ela
Ela não parte, ela nunca parte
Ela não pode estar ontem nem amanhã
Ela só pode estar hoje

O infinito não é a ilusão da sucessão de finitos
O infinito é precisamente o oposto
O infinito é a insuficiência do finito
A insuficiência do tempo

Ela não partirá!

MEMÓRIAS

O que outrora há de ter sido
Povoou a parte do não vivido
Preencheu os tempos do antes
Do antes de mim, do antes do outro

Recordo o tempo de minha infância
E também o tempo do canto da escola de minha mãe
Recordo o tempo de minhas avós
E também dos parentes mais distantes no tempo, que não conheci

As memórias que me socorrem o presente
Já se misturam entre o vivido e o não vivido
Sentimento que se equilibra entre o ser e o ter sido
E o fugidio ainda ser

Fuga e vício
Paz e encontro
De quantas há de minh´ alma valer-se
Se todas perdem os seus encantos?

Se não o outro
Se não o outro a me lembrar os sorrisos, os prantos, os sonhos...
Ah, os sonhos, como ainda tê-los se em pressa me alheio?

Não quero ver a morte
A minha, a do outro
Não quero ver a morte
A minha, no outro

Memórias...
Há o tempo em que precisam partir
Ou antes ajuntar-se no não vivido de outros
É aos filhos que peço a generosidade de novo encontro

O TREM REGRESSO

Para!
Tempo para!
Tempo espera!
Tempo para!

Preciso de tempo para te alcançar
Dá-me parte, somente a mim
Segura o trem, o trem do resto, de todo o resto
Dá-me parte só pra mim

Para!
Para as horas de todos os outros
Mas não para a minha, a hora do fôlego
De encontrar-me passageiro de qualquer vagão

Não, há mais que peço
Não para apenas
Volta à estação pregressa
Me encontra lá, em outro tempo

Não quero correr à frente
É para trás que te quero parte
Correr às horas do recomeço
Sentar-me próprio à viagem então

Quero-te de novo lá na infância
Quero-te à volta de meus amores
Da vida negada a tantos encontros

Felipe de Moraes Chaves

Vai-te, me espera lá!

Pesada mala, não me retém!
Assim não chego ao compromisso com o tempo
Mas eis que tens tudo o que sou
Largar-te aqui, quem seria?

Pesada mala, não me retém!
Eis que te alivio de algumas peças
Assim, assim, vem comigo
Mais de peças te alivio o peso

Estamos, chegando, estamos chegando!
Tempo amigo, espera!
Pesada mala que me retém
Te alivio de tudo o que ainda te pesa
Mas não me faz perder o trem

Cheguei?
Agora subo, tudo outra vez
As minhas peças, tudo na mala, abro-te enfim
- Olá, amigo, quem sou eu?

PODER

À voz dou a vida
À voz dão-me a vida
À voz abre-se a cela
À voz desço ao calabouço

Contra a voz nada posso
Não com a fortaleza de minhas fragilidades
Quebram-se na sua menor modulação
Arqueiam-se no anonimato de comandos

Doce se levanta comungando de minha vida
Tornar-se-á amarga?
Sorverá sem dó o suco de minhas fragilidades
Ou antes será maná de meus dias?

Ela está lá, e eu não sei das outras vozes que lhe comandam
Esses anônimos que nunca professam
Que se avizinham em todas as horas
Que puxam em cabo-de-guerra o deveras pensado estável se já verdadeiro fosse

Dormimos sempre com o inimigo
O poder nunca é um amante confiável
Sempre em vigília, trairá com mil outros antes do dia seguinte
Retornará sempre sem despertar desconfianças

Ele está lá e eu nada sei
Porquanto seja eu o próprio que lhe completa o leito

Ou dentre os tantos anônimos que lhe fazem a cama
Passar-me-á invisível com a pluma ou o chicote

Tanto mais há de ser o temor de seus passeios
Tanto mais seja alvo o lençol
Tanto maior a trombeta que amplifica a voz do outro que dorme

Nunca se dorme só
O semblante plácido do que se deitou
Poderá despertar com o grotesco dos urros de seu amante
Poderá acordar inoculado pelos fluidos viciados do poder

Queira-se muito o que dorme
Guardem-se, no entanto, de conferir-lhe amplificações demasiadas
Nunca se sabe das peripécias do amante

VAIDADE

Qual crescente horda de insatisfeitos
Navegantes ermos de um mar desfeito
Os sentimentos tolos de uma voz sem adorno
Que grita ao vento seu inútil tento
Morada vazia, engana o tempo

Que te sublima, quem sabe a sina
Da infantil busca do pleno voto
Quem sabe a linha de um novelo novo
Carretel, carrossel-ego, teu próprio poço

Teu próprio poço, sou o teu lodo
Em mim afogas tua nobre veste
Em mim feres tua divina face
Por que insistes, e te consomes
E me consomes numa triste cena
Fazendo estranho o sempre belo
Tornando Deus um mais na pugna?

Oh, vaidade, que em meus braços
Em vossos braços, enlaçai-nos à morte
Velai o sono, as palavras mortas
Dos que se foram e em seu repouso
Já não têm poço, sem fardo roto
E deixai a nós, a vós, a voz

PERDÃO

Esqueço-me à vaga
Tudo está negro em noite sem lua
Chegam-me aos lábios os borrifos da leve calmaria
Fecho os olhos já sem distinção entre mim e o mar

Esqueço-me à vaga negra, ou vermelha, não sei
Talvez um dia, se a lua voltar
Talvez um dia se os olhos abrir
Por enquanto, tento fazer-me nada

Esqueço-me à vaga que ainda balouça
E ao frio que ainda me beija
Esqueço-me, ou tento esquecer-me
É negro o olhar sem lua

Esqueço-me, ou tento esquecer-me
Se ainda lua não houvesse em mim
Se o olhar de fora calasse meus olhos
Mais fechados a tudo enfim

Esqueço-me, esqueço de esquecer
Vigília, não consigo
Vigília dos olhos negros a confinar-me as lembranças
A juntar-se em água às vagas negras, ou vermelhas

Esqueço-me à vaga e dela esqueço
Do balanço, do frio, do céu sem luar
Mas eis-me corpo a perturbar

A fazer-se peso neste altar

Este corpo que me enche
Quisera das águas
Mas que transborda, que espirra e chora
Que vence por fim, a noite sem lua

Há outro mar, outra lua
Outras águas que me borrifam de luz
Esqueço-me da vaga que me lembra de Ti

PENSAR EM PROFUNDIDADE

Sobre tudo havia um pensamento
E não era Verbo, posto que não cria
Mas era verbo que se anunciava
E ordenava, inutilmente, o levante das verdades

Havia o pensamento, mas que importava?
Que importou ou importa?
Ordeno, e não atendem
Têm sua própria existência esses fantasmas que me instigam o intelecto

E me cansam
Cansam porque me mantêm nessa trilha escura
Essa trilha que só o lampião de minha consciência revela
Caminhada sem vozes, sem pegadas

Não são eles, não são eles a quem devo iluminar
Se muito, são meios
Se muito, são como sombras onde busco o toque do real
Se muito, são quasi-verdades

Ao doente não é mister meio comprimido
Terá o benefício da dúvida, por um instante
E logo descobrir-se-á à volta do mesmo mal
Quasi-verdades são antes nada que algo da verdade

Mergulho em sofrimento em mim mesmo
Perscruto os porões renitentes da razão
Em solidão gasto estas horas consumindo a solidão de outros
Sou apenas eu em meio a sombras

Tateio à procura de uma certa porta
Quem sabe abrir-me-á a luz
E à luz me porei em foco
E à luz meu pensamento ganhará a vida

São cruéis as horas solitárias
As conversas nos porões de mentes ausentes
Daqui não tenho a certeza da luz

Decidi por glória?
Necessidade, fuga?
Que me veio a fazer-me ausente?
A negar a luz sem pensamento?
Leio o mundo com as cores escuras de minha jornada
E descoloro o que minha estupidez julga ignorância
A sabedoria tem a certeza da luz
Penso, mas não sei
Penso, mas não enxergo
E o mundo de cores passa ao largo de minha busca

PASSO LENTO

Aos passos na praça deixei-me fixar o ouvido
Entre tantos apressados, ansiosos pelo destino
Distingui os mais lentos, força da idade ou da sabedoria
Engraçado como ao tempo recorremos como um grande bem
E sistematicamente o desperdiçamos porque só visualizamos o instante de seu fim

Aproveitar bem o tempo é esquecê-lo
Deixar-se saborear sem a prisão das horas
Marcadores que parecem sugerir descontinuidades na fruição da vida
Vivemos marcadores, instantes que os nossos compromissos conseguem construir
E, no entanto, ao invés do esforço de liberdade deles
Mais e mais acreditamos que, tal qual a indução da integral pelo infinito da série
Assim também, pela maior frequência dos marcadores, nossa vida pode ser preenchida de tempo vivido

Se racional a tal ponto fôssemos, talvez assim a maior frequência algum sentido fizesse
Mas racional não somos mais que a emoção da ansiedade do próximo marcador
Dominando-nos, consome o tempo, limitando a própria fruição da conquista do instante
E se racional a tal ponto fôssemos, que emoção nos consumiria a ponto do interesse na conquista?

*Não, de racional não temos mais que a obtusidade de visão limitada
de nosso espectro de percepção da vida
Prisão a que ela de toda forma recusa adentrar
Mas, ainda assim, da razão o entendimento da emoção fracionada,
talvez
Luz para escapar às trevas da ansiedade
Ah, mas que tempo nos restaria para trabalhar os marcos?
Sim, é preciso algum tempo da razão, roubado à emoção para a fixação
de marcos tão frequentes*

*Deixai, pois, deixai mesmo a ideia do marco,
Construção espúria a regular a fruição da vida
Deixai ao marco racional seu próprio tempo
Não é o nosso, do passo lento*

O FRIO

Contra o cenário o frio
Vinha de lá, distante sobre as águas plácidas
Vinha do branco que suavizava aos olhos o que deveras a pele sentia
em intensidade
Vinha de lá, do horizonte alto, da estampa de cartão postal

Aqui meu encontro
Na praia de cascalhos o sentia também na água límpida em que arris-
quei banhar os pés
Quisera a beleza, mas era um silêncio de incômodos

Nada me falava de gentes, de histórias
Testemunha insossa do belo
Não era só a tez em frios incômodos
Era um coração em fria contemplação

Mas eu estava lá, na paisagem única
Tornada paraíso de uma natureza hibernada
Não para mim, não em minh´ alma de frios sentimentos
Incômodos silêncios perturbados por incômodas sensações na pele

Cartão postal, estava diante dele, mas sem textos
Sem efusões de saudade, de beijos e abraços
Sem a letra quente de um amigo
Sem a saudade de estar lá, lá onde eu já estava

Ah, se vivalma ali estivesse a pontilhar o paraíso
Se ao menos dela pudesse entreter o tino

A narrativa do outro, a confiança de estar fora
Saudade de não estar dentro

Era parte e o frio era a essência desse elo
Me transportava para o cume alvo das maiores elevações
E lá restava ainda mais frio a contemplar-me em solidão
Senti o frio, o frio mais íntimo de mim mesmo

PARAÍSO

Há imagens
Há sons
Há sabores
Há o cheiro raro da felicidade

Às vezes explícita
Desavergonhadamente provecta
Nos muitos sons, sabores, imagens

Às vezes singela
Inexplicavelmente plena
Nos poucos sons, sabores, imagens
Tão singela que incompreensível ao outro

Sei daquelas, mas são estas que me ocupam
Que me escapam
Que me seduzem
Que silenciam toda a história

Essa singeleza tão frágil
Tão fragilmente perturbável pela realidade
Esse êxtase sutil
Essa expressão tão ressonante n´alma

Dai-me o silêncio em minh´alma
Dai-me o silêncio desta felicidade
Quisera sem tempo, sem tempo agora
Mar de ópio na crueza dos dias

Ficaria ali
Absorto, sem asas
Sem pernas, sem fala
Ficaria ali a absorver-me na paz

Se do paraíso temos a herança de uma lembrança apenas
Desta que atravessa as gerações de erros
É nesta que me isolo, que me doo
É nesta que minh´ alma conhece sua estrada

Estou, não mais aqui
Estou para onde me levaram
Para o indefinível, o inescrutável
Estou onde sempre estive depois da longa volta na lama do mundo

O PARAÍSO PERDIDO

Que olhar adivinha a posição seguinte de um vagalume em noite
escura?
Que mãos sustêm um peixe volumoso num rio?
Que narinas continuam impregnadas do perfume que passou com o
vestido?
Que boca retém o sabor de uma iguaria consumida?

São assim os lampejos do absoluto em vida
Da paisagem cortada pela perturbação do amanhã
Do silêncio rompido pelo ruído da urgência
Da pureza corrompida por desejos multiplicados

Outrora, quando a mim bastava
E em privilégio mergulhava apenas no sonho, ou no sono
Outrora, senhor do ócio
Do ócio em sua personalidade inteira

Nada há de desencantos no reino do imaginário
A realidade, esta batia à porta
E a mim permitia: venha outra hora
Venha de outra forma

Não era obesa, não era em lágrimas que adentrava
Quase era apenas mais uma a compor a cena
O banquete do ócio, ou do sonho
Dos meus e dos tantos personagens de que me fartavam os livros

Em paraíso ocultava a serpente

Ou me abraçara a ela
O ócio me alargava os limites
Estendia ao infinito o horizonte de tudo à frente

Havia tempo, havia muito tempo
Tanto tempo que o esnobava
Tanto tempo que a serpente o sorvia sem dor
Silenciosa, em misericórdia pelo meu êxtase

Não escutei, não lembro
A porta fora arrombada e a realidade me puxara à força
Me conduzira ao teatro de ânsias e medos
Me mostrara a dor sem vez para o sonho, sem vez para o doce veneno
da serpente

Estupefato, perdi a chave do paraíso
À porta fechada esguelho as frestas iluminadas
Às vezes, mui raramente, me convém a lembrança do outro lado
E o cinza da realidade ganha o multicor do sonho

Se ao menos não tivesse esquecido os lápis de cor
E se a dor agora da picada não fosse tão lancinante
Talvez trouxesse a este lado, a este pranto
A alegria sutil de tantos indefiníveis encontros

O ÚLTIMO CRENTE

Ainda hoje me chamaram à cena
Me questionaram a resposta
Fiquei mudo, como dantes
Que palavras poderiam conformar a resposta?

Falar-me em pensamentos e deles dar sentido pleno?
Falar-me em pensamentos e a eles conferir teoria final?
Se antes teórica fosse a resposta
E do intelecto ela tomasse forma

Chamaram-me à cena e me inquiriram a resposta
Tomaram-me à atenção de um pronunciamento falho
Todos o são
Todos o serão

Não tenho respostas e serei fraco
Não tenho as respostas que querem, eu lhes digo
Não tenho esperança de tê-las
Não cabem em meu cioso intelecto

- E que nos tem, oh temente alma?
Seja teu silêncio a confissão do néscio
A subjugação do simplório
A derrota dos que Lhe têm em conta na ignorância

Chamaram-me e não tenho fala
Sou menor que todos os coadjuvantes
Toda essa massa que ao menos tem consciência do palco

E eu (quem mais?), a lhes atrapalhar a cena?

Que dirão os grandes
Que dirão os personagens que dão o tom dessa tragédia?
São eles que inquirem, que me cobram a palavra
Uma única precisam para lhes despertar a insaciável arrogância da
dúvida

- Como nada, com que narrativa se fará o tempo desta obra?
Com que motivos será a audiência captada?
Melhor quando havia aqueles escritos erráticos e os declamavas sem
consciência do ridículo
Palavras dissonantes, ingênuas, diante da grande obra

- Sim, tens o silêncio
Nele o abrigo de qualquer arrogância
Da vítima e da sabedoria
A última cartada de um viver estúpido

- Sai-te, oh alma cancerosa
Vê, falei alma, ato falho!
Sai-te, enfim, se queres o silêncio
Tem-no lá, à plateia

- Sai-te porque nesta peça já não tens qualquer papel
Sai-te e senta-te com a estupidez que ainda abrigas
Senta-te e vê
Um dia, talvez, um papel

Ainda hoje me chamaram à cena
Subi ao palco, dei-me à tapa
Desci do palco, deram-me ao silêncio
Contemplo agora a peça

Silêncios obsequiosos à espera do próximo papel
Quase todos vão e vêm
Entre uns e outros eu fico

Felipe de Moraes Chaves

O meu silêncio não é de obséquio

O AMOR I

Há tanto mais do que não seja
Não é o encanto, a mirada breve
Não é o encanto, a face leve
Não é o encontro, olhares mornos

Não é nada que aconteça às luzes
Não é o que testemunha os cantos
Não é o verso que intenta o encanto
Não é nada de um longo adeus

Ao amor não se reserva o passo
O passo lépido do beijo mordido
O passo pesado do sofrido tempo
A angústia do ganho e da perda um dia

Não há a vontade contra a vontade
Não há o que penso para ser ação
Não há caminho que me dá opção
Não há o outro sem estar no outro

Sem distâncias, sem tempos
Sem intervalos para o deixar de ser
É o todo em sempre ser

Breve como o instante
Infinito como a eternidade
O amor se aloja nos vazios d´ almas
Se faz eu, se faz o outro

Felipe de Moraes Chaves

Se faz o nós, uma só alma

O AMOR II

À palavra com que julgo pacificar o entendimento soergo a profusão
da insuficiência
Da verdade estaremos distantes tão mais pretensiosa for a palavra
Tão mais perto quiser esta se acercar do último significado

De amor constituir-se-á o que de mais nobre sobreviver ao escrutínio
da consciência
E tão mais ausente dos conceitos que à razão arrasto no ato de pensar
Far-se-á plena na beleza como uma anêmona em seu bailar de reflexos
No seu interior proliferarão os movimentos graciosos como luzes ar-
rancadas ao brilho da delicada película que lhe conforma o mistério

Assim como às letras nos refugiamos na construção dos fonemas
Do amor far-se-á a raiz de todos os conceitos que nos falam à alma
E como ao ponto não se reduz a reta
Também o seu conhecimento é velado aos olhos daqueles que lhe per-
seguem com suas derivações incompletas

Ultrapassar o limite e dela apropriar-se o mistério
É como roubar o último fruto sagrado do Paraíso
E dele perecer ante o choque incompreensível com uma essência ma-
culada pelo finito

Não, não é nas filosofias que se sorverá o fruto de sua compreensão
Tão mais não sejam estas também suas filhas bastardas
Tão próxima e tão fugidia
Como uma criança célere que se esconde no bosque dos conceitos com

os quais intentamos aprisioná-la

Faceira, a cada pensamento acode a um novo esconderijo
E engana as sinapses num gracioso jogo que também conforta o
espírito
Porque de tal sorte é a sua realidade que mesmo as profundezas de
um intelecto ausente às suas manifestações de luz no cotidiano dos
homens
Não escapa ao êxtase de sua visão

Somente os que te pronunciam sinceramente
Sabem da ingênua pretensão de tuas definições
Porque já não tem significado o que desde antes foi vivido
Não há intenção, palavra solta como um suspiro após o encontro com
a vida

LIBERDADE

Quem dera o tempo em que só tinha tempo
O tempo de sonhar e de jogar fora
O tempo de brincar que tinha tempo
O tempo sem o dinheiro

Quem dera esse tempo em que podia tudo porque não era nada
Em que tinha tudo porque não tinha nada
Brincava de um dia poder
E de talvez um dia ter o que deveras não queria ter

Ah, esse tempo
Esse tempo em que aqui e acolá era só uma transição de emoções
Em que o hoje e o futuro era só uma questão de sonho
Em que a felicidade era só uma questão de o que escolher

Esse tempo se foi
Invejo o tempo dos que se mantiveram com tempo
Dos que se mantiveram sem ter
Dos que não têm porquê

O anonimato de seus quereres
De seus haveres
A viagem sem os intermédios dos tempos, do dinheiro e da atenção
alheia
O outro sem a prisão de quereres

O querer do teu que me exige o meu
O tempo que tinha, o silêncio que tinha

Felipe de Moraes Chaves

O dinheiro que não tinha e tive que ter

Chamo de egoísta a minha liberdade?
Não era aquela de avançar no outro
De exigir-lhe o tempo, a afeição ou o dinheiro

A liberdade, a liberdade que tinha
Era só o meu tempo na minha cabeça
Era a contemplação sem amarras de um mundo alheio
E o refúgio seguro na imaginação

Chamo de egoísta a liberdade que tinha?
Puxado ao mundo refiz o meu
Perdi o meu
O tempo que tinha, o dinheiro que não queria ter
Agora os olhares sombrios, as bocas vazias
Agora são estes os tempos que tenho
Agora são esses que me inquirem a moeda
Que me roubam o silêncio de pensar não ter

Tendo nada, qual andarilho sem bagagem
Teria tudo porquanto nada
Teria a liberdade sem peso
A insustentável leveza de não ser

LIBERDADE EXTREMA

Aos olhares treinados à caça
Fiz-me matéria morta
Contemplei sem medo o espetáculo
Saciei a fome somente com o mastigar do olhar

Os adereços, de todos me despi
Sem ouro e sem fronte circulei como fantasma na floresta
Não era caça, muito menos presa
Componente ignorado na paisagem

Ruminei com o olhar, sossegado a não mais presenças
Aquelas de que se tem medo ou desejo
Gastei os tempos à vista da vida à minha frente
Ao meu lado, atrás e ao alto

Tudo consumi em longas horas de olhar atento
Registrei o que pude, ou nem a isso trabalho daria
Dormi ao relento, não tive notícias, não dei notícias
Relaxado à singeleza do não ser

Livre como nenhum outro homem
Ignorei o tempo, os futuros e idos
Não construí, não desconstruí
Apenas vi nos olhos de outros

Deles fiz-me esse não ser
Neles tive a alegria, e a tristeza
Ficção, como num filme

Felipe de Moraes Chaves

Ser um "não ser" zomba de qualquer ser

Ah, mas o tempo
Este não me ignorou
Fez-me ser no último instante do não ser
E à morte brindou-me com a consciência do nada

A LIBERDADE
NO ÓCIO

Ao ócio não renderei o mais belo canto enquanto o relógio lhe teste-
munhar o tempo
Dos momentos livres far-se-á a vida ou o desencanto
Porquanto à liberdade ou ao algoz da existência fixar o ponto
E ao infinito ou às horas cansadas derramar meu pranto

Entre o apelo à eternidade e o lamentar da finitude far-se-ão os tantos
Os quantum de vida e morte
O sublime e o rasteiro
O novo e o velho

À porta destravada baterá o mensageiro da esperança
Ou às janelas cerradas não escutarei o milagre da chuva
Não só de fantasmas vivem os medos do escuro
Mas da solidão tediosa que drena do pensamento a energia de tudo

Com pouco trabalho far-se-ão as exigências do fruir das horas livres
Se mais o vazio assoma ao espírito
Não é o ocaso de uma existência errante
Ou os intervalos do nada no correr do mundo

Ah, de tantas formas o arbítrio é transferido às engrenagens alheias
E se me faço anônimo na inconsciência do progresso
E ao papel em branco recuso o rabisco
É no ócio que estou à sentença

Felipe de Moraes Chaves

Sou réu e juiz de mim mesmo
A caneta que se recusa a escapar de minhas mãos
Escreve o nada ou o todo
Declara a vida ou a morte

VAZIO

Há dias em que o torpor me alivia das veleidades
Na ausência do sonho, o que me preenche é o vazio
Livre das fantasias menores da roda-viva
O mergulho inclemente na rotina dos dias

Sem sonho, sou vítima do tempo
Porque se mais não há que traga o correr dos ponteiros do relógio
É assim que sufocará a vida no repetir-se de seu movimento
O hoje como o ontem e o sempre

O reflexo das sombras que me granjeiam o caminhar autômato
Agora são como fantasmas a me anunciar a obsolescência de uma peça imperfeita
Mais seria o androide descerebrado
Movimentos perfeitos sem o clamor da infelicidade

Nesses dias de chuva ou de sol
Nesses dias em que a palavra não depõe
Nesses dias em que o silêncio é a proximidade da inanidade
Tenho medo...

Não a angústia do viver de quem sabe a morte
Não o descanso do sonho da mente deprimida
É o conhecimento do nada
Do nada sem fim, de ontem e de hoje

SILÊNCIO SEM VOZ

Ouço vozes
À minha volta descansam as bocas abertas do passado
Caminho a ermo entre as vozes e delas fujo
Num canto repouso meus membros exaustos
Ouço vozes

O murmúrio do silêncio me persegue
E já as palmas de minhas mãos não bastam aos ouvidos
Ouço vozes que me remetem a um silêncio que não desejei
Ouço vozes que me perturbam o silêncio que desejo

De olhos fechados rogo ouvidos velados
Reclamo a paz a um silêncio que me fala
Que me vem no tom sombrio dos sussurros da noite
E me invade o ser com a tristeza da paz distante

Ouço vozes que me remetem para onde não quero ir
E que me gritam no alheio do som de fora
Ouço as vozes de onde fujo no meu silêncio
E quase me dá a vontade de correndo delas fugir na balbúrdia dos decibéis
Espera de um novo silêncio, silêncio sem voz

SOLIDÃO

Tristes são os teus encantos
Encantos mornos, silêncio, escuta
Escuta o choro da alma em canto
Escuta o grito do desencanto
O sonho vivo que a ti proclama

Na palavra ausente
Tua voz desejo
No desejo ardente
Teu sorriso percebo
Beleza turva
Informe luz
Na tua bruma
Tu me seduzes

E mais e mais,
Querido pranto
Lágrimas vertidas, transborda a vida
Porque paraste e num instante
Tornaste cheio de tanto encanto
O tanque sempre
Meu grande Santo

Oh, vida minha
Oh, Senhor santo
Do tanque cheio
Transborda manso

Felipe de Moraes Chaves

E mansos cheguem
Os momentos tantos
Que em ti espero
Solidão, silêncio, pranto

IRMANDADE NA SOLIDÃO

Passei ao largo do olhar próximo
Seu bafejo não me falou da vida
De tantos rostos só me fiz a imagem no futuro
Indistinta, vaga ideia do porvir

Passou o tempo
Desci em meu ponto
Caminhei, os passos leves ao meu lado nada me lembraram
Fechei a porta, fechei o mundo

Na tela da TV alguns rostos
Vagueei entre as intempéries do noticiário
Me falaram do nada, da angústia do nada que se pretende tudo
Fechei os olhos, meu mundo...

Sonhei, as emoções me esperavam lá
Os sopros e vozes somente me conduziram a casa
Não estava só
Multidão irmanada na solidão

Curioso que o vazio possa ter significado
Sim, a tênue linha da vida
A solidão é uma falácia quando acompanhada pelo silêncio das
outras

HAVERÁ, HOUVE

Estou aqui entre o que penso ser e não ser
Menos sei se entre a liberdade e a prisão
E ainda menos se o ser é dócil prisão
Ou o não ser é liberdade em vão

Estou aqui, entre sentimentos de ida e vinda
Entre o presente e um futuro que me assusta
E também entusiasma
Entre um e outro a angústia da decisão

E se mais que a decisão seja apenas uma decisão
E se mais o ser for de variadas opções?
Entre mim e o que há de ser
Há sempre o risco de deixar de ser

Deixa-se de ser não apenas o hoje
Mas também desde agora os futuros
Realidade aglutinada num só caminho
Presente que amarra em laços fortes o que poderia ser

Mas como ser se é ao não ser que posso qualquer ser?
Adiado está, há muito, o ser
E de não seres o tempo se preenche com liberdade
Porquanto haverá de muito ser

Haverá, em que futuro
Se puxo ao presente o não ser
Se crio sempre o futuro do futuro

E entrego ao futuro o mesmo presente?

Haverá, haverá
Tenho medo dos campos vazios
Antes a frieza das grades de uma prisão
A crueza e a beleza de um canto de cela

Haverá o que houve
Bastará uma cesta de haverás, tantos enfim
Ou a carga dos houve que me cingiram os pés
Lembrança de todos os passos até aqui?

SAUDADE

Amarras distendidas
Velai no cais o ócio vosso
O grito mouco do marujo louco
Do mar um vento, outros votos
Sentado à proa, a mão sem prumo
Cantando triste os mesmos fossos

Queria no mar, adentro estar
E no alto mastro, ouvir cantar
A andorinha da terra boa
Que em mil loas anuncia leve
O momento certo do encontro breve

Perdido está no cais sem lua
Sem noite sua, sem querer tua
E no encanto que se dissipa
E no recanto que não alivia
Aí está, marujo está
Apenas a rua, deserta, nua
E o pensamento, o testamento
De um sentimento que longe está

NOSTALGIA

Quero vê-los outros
São os mesmos
Não importam os rostos
Retornam os mesmos

Quero que me vejam outro
Sou o mesmo
Deles sem rosto

Aqui eu era
Aqui eu sou
Entre um e outro me perdi
Me desfiz puxado como corda rompida pelos extremos

Dentro e fora
Navego o limbo do não
O estar, não
O não estar, não

Noutro que não mais sou
Porquanto deveras não lhes seja
Andarilho fantasma de outros sentimentos
Insisto no que não tem olhos

Nada mais é o que do tempo fora
Resta o silêncio da perplexidade
Preguiçosa em ir-se
Não quero mesmo ir

A ESPERANÇA

Quando à aurora bater a porta minha sede
E no vento sentir o frescor dos dias felizes
Quando aos céus elevar os olhos marejados
E dele fruir a água que se confunde às minhas lágrimas

Quando ao mundo me fizer presente como aprendiz
E ao sonho atribuir as luzes do caminho
Quando às vozes juntar o coro de minha emoção
E nelas sentir a energia fremente da criação

Quando ao Pai me valer a condição de minha infância
E nela confortar as quedas do aprendizado
Quando ao outro recuperar a atenção de um olhar
E dele me fizer o sorriso da novidade

Quando ao encontro tratar o recomeço
E do coração verter as poças do tempo
Quando às estrelas atribuir os desejos
E sem medos construir o instante

Assim me verei à presença da esperança
Entre os verdes do jardim onde vagueia
Perseguirei as flores como abelha que procura o néctar da sobrevivên-
cia
Terei asas como os pássaros que voam no silêncio distante
E a luz das feras que não se cansam na escuridão

Quando a esperança se fizer saudade da felicidade

Estarei pronto para viver e morrer...

A FELICIDADE

Uma igreja, à espera
Você lá, expectador da cena
O casamento não é o seu, bem sabe-se
Tudo tem o cheiro do eterno

Ainda que não o seja
Que não o seu, tudo é dela
E de um outro eu que não fui
De um outro eu de sorrisos sem turvas

Os detalhes, os movimentos
A expectativa, a breve lembrança de um braço iluminado
Não sou eu, não são os meus convidados
Mas é a minha noiva, a felicidade

Sou testemunha silenciosa de meu matrimônio
Os nubentes não têm face
Se apresentam apenas com o perfume do sonho
A transparência de corações em êxtase não permite a opacidade de corpos

Sou testemunha do melhor de mim
Do melhor de meus dias sem descaminhos
Volto ao ponto do paraíso
Do que nunca houvera perdido

Há um grito silencioso que me inunda o peito
Que me irriga as artérias de desejos

Tão forte que me esqueço
Me esqueço do que sou para ser só o que ao altar mareja a visão da
felicidade

Congele-se a cena
Neste mundo de casamentos nunca consumados
O clímax é a expectativa do encontro
O deleite de sua espera em cenários perfeitos

HISTÓRIAS ANÔNIMAS

Adianto o olhar em busca do registro
E, no entanto, somente encontro o tempo correndo
E a beleza, ah, a efemeridade do belo instante
Voa ao léu para pousar em novo instante

Tantas histórias...
Vozes, poucos as têm
Registros, pouquíssimos os têm
Memórias, contam-se menos que as folhas de um arbusto

Tantas histórias...
Tantos enredos de filmes que passam ao largo
Tantos ditos e desditos sob a mesma emoção
A mesma sabedoria de palavras e espíritos

A eterna leveza do seguir
Forçado o tempo da fama
Olhar perdido na lama
Na sanha de tão poucas atenções

E, no entanto, a identificação
A minha verdade que se projeta
Mas no personagem outro
Vida pequena diante da grandeza da obra

Oh, Desdêmonas de tantos subúrbios

Cuja beleza é morta pelo vilipêndio de seus recatos
Oh, Ulisses de tantas vitórias anônimas
Cuja altivez atravessa os encantos de uma ética degradante

Vivam os olhos que me corroem a sombra
E ainda que a obscuridade do comum suprima o olhar às estrelas
Ainda assim, o sangue corre, o tempo corre
E a vida acontece

Intensa, plena como nenhuma Lei Áurea jamais o conseguiria
Entre correntes e sinas diárias
O suor e o sangue mergulham seus registros no mais profundo solo
E alimentam o núcleo de fogo de todos os tempos

*Libertos sejam aqueles cujo olhar faz a obra, a obra-prima mais
anônima*

AO TRABALHO QUE NÃO É OBRA

Às mãos que cozem não vale o verso de encanto
Da labuta que se estende pelos anos a fio não vale a canção inspirada
Da sequência diária do monótono movimento
Não vale o farfalhar das vestimentas formosas
Ou a visão potente do novo prédio

Ah, se da justiça dos homens dependesse a Justiça
Se das percepções dos homens se constituísse o valor
Maior a injustiça aos que sem obra se constroem
E mais reconstroem o que se destrói

De tudo não encontram o canto
Nem dos movimentos surdos, tampouco dos ouvidos mudos
Onde se integram?
À harmonia de uma natureza estranha?
Ao serviço de uma realidade alheia?

Justiça lhes seja feita
Não por merecerem maior prêmio
Mas por desmerecerem melhor sorte

De suas mãos vazias, cujos calos, cujos males, passam anônimos
A Deus ocorra sempre que poderiam estar terminando a pintura de
um novo quadro
De cujas outras mãos talentosas
São a tela, a tinta e a semente da arte

O TRABALHO DO ARTISTA

À luz diáfana que da fresta rasga o negro véu
E marca o singular de sua cortante presença
Tornando distinto a indistinta treva
Assim também o artista em seu pastoreio criativo
Não sabendo ao certo o meio negro
Sem saber a mão que levanta o pano
Ou a palavra dita que maldita torna a morte em vida
Guerreia contra seu próprio gelo
Os nossos erros, a porta fechada
Esgueira a vista e já sua mão ou a palavra dita
Apenas tateia, à madeira toca
Tornando visto o infinito brilho
Revelando claros os espaços findos
Criando o tempo no temor das trevas
No fugir das trevas, no expandir da fresta
E de Deus parceiro, como um porteiro
Abre a vida aos olhos mil
Aos rostos vi, aos sorrisos quis
Como em um encanto, o amor em canto
Em lágrimas ora por estar ali

Cerrada porta, quem te segura?
Por que em tantos, múltiplos santos
Já não existes e a luz profusa
Enxuga as lágrimas desses pobres presos?

Felipe de Moraes Chaves

Que já não chorem à pouca luz
Libertos sempre, as trevas mortas

O CÁRCERE AMIGO

Recebi o abraço de um amigo
Amplexo que me atém a tudo o que esses braços conhecidos ajuntaram
De toda sorte de lembranças e impressões são formados esses músculos que me retêm
Ninho seguro que me alimenta o conforto da identificação no outro

Entre braços sou como uma presa retida ao seu papel
Não pelo desejo de caça do opressor
Sou, simplesmente, o que sou no enlace
Uma presa das circunstâncias, de hoje e de todos os ontens

Significados de-significantes de todas as potências outras
Misto de conforto e angústia pelo que me fiz ser e pelo não ser
Calores que me tornam sôfrego da utopia do poder ser
E me renegam o direito do enfim Ser

NAS NUVENS

Sobre o colchão da nova cidade
À vista do castelo de fugidio concreto
Repousam meus pensamentos
Inebriados de novo sonho

Navegam ermos, reconstruindo o caminho a cada reolhar
Destruído, reconstruído num novo castelo
Instável alvura de mesma matéria
Protuberâncias de um mundo de silêncios e sonhos

A mente descansa sob a vista distante
E nas múltiplas formas incolores redescobre o belo
O sempre belo do eterno fugaz
Revelações breves de um mundo paralelo

À cidade silenciosa e brilhante
De cujas ausências não se faz assombro
E cuja neblina não divisa o certo
Pensamentos acorrem céleres
Povoando de fantasmas, bons fantasmas
Esse miasma

Sob o colchão agora entro
Cidade bela e silenciosa
Repousas agora na feliz lembrança

Vi Deus ao cair da tarde...

SONHO DE CRIANÇA

Olho o espelho e sobre ele a foto antiga
Procuro traços que não confundam
Mas pouco de mim está no espelho
A saudade vem da forma antiga

Será da forma, da tez infantil?
Indago o ponto, o fio das imagens
E a diferença que agora me faz indeciso
Saudade de que, não sei, um talvez

Talvez a esperança que em meus olhos havia
E a fala amorosa daquele mundo distante
Fecho os olhos e permaneço em silêncio
Buscando o que era, o que já não sou mais

Não são as rugas, a energia, a alegria
Ou os sonhos do novo, de uma vida incontida
O que são, meu Deus, as saudades que sinto?

Me vejo criança, outra vez um fedelho
E o riso maroto dos adultos de então
Eu era a vida, a vida de novo
Aos espíritos cansados
Como agora no espelho

Mergulhados na morte de mentes fechadas
No vício, na norma, preconceitos e medos
Sem tempo para a descoberta de um Deus que outrora

Felipe de Moraes Chaves

Nos olhos, nas mãos, no ouvido, na boca
Divertia a alma no meio do povo

Quero-me criança e reconhecer-me na foto
O espelho são marcas apenas do tempo
Que a criança do lado apaga do espírito

O HOMEM E O TEMPO (SEM DEUS!)

Hoje que não seja o tempo
Que não seja a desenfreada busca do momento
A incauta procura do não tempo
Que seja o homem, como homem

Que há de homem, então, no que não busco
Que resta do homem no finito de olhares
Nos horizontes partidos, nas paredes de TVs?
Que há de homem sem a angústia do viver?

Engana-se quem enxerga no pão a prisão do homem
Quem reduz à boca o renascer da sina
As cinzas próximas é onde está a sina
O morrer para não viver, o viver sempre morrendo

Se hoje estou, é porque não sou
E se guardo o nada, o nada além de uma lembrança que envelhece
Sou apenas homem ligado ao tempo

Talvez um dia, nos dias de sonho
O embalo da tela ainda me guardara o sono
É em vigília que temo as horas
As minhas, de meu pai, de todos

Envelhecer é sábio

Felipe de Moraes Chaves

Envelhecendo escapamos da loucura
Subtraem-se as faculdades antes da rebelião
Apaga-se o fogo antes do incêndio
Reduz-se o homem ao homem do tempo

O PROTO HOMEM

Tenho tanto e tão pouco
Tantos anos sem tempos
Sem risos e prantos

Tenho tanto e tão pouco
Tantos sonhos sem peso
E tantos pesos sem sonho

Tenho tanto e tão pouco
Tantas horas de desencontro
E tantos encontros de poucas horas

Tenho tanto e tão pouco
E quanto mais tanto de tão pouco
Entre o ontem e o hoje estupefato do presente

Às vezes é o ridículo de fazer-me pouco
Ou a angústia de saber-me tanto
Alma jovem em corpo velho

Ainda ontem velho em alma jovem
Desconheci os risos
Desconheci os prantos que me cercariam

Eis-me, então, como proto-homem
Aqui, sem carga a justificar-me os anos
Aqui, com sonhos a confrontar os anos

MATURIDADE IMATURA

Não se pode entrar nos "enta" de mãos vazias
É o início do inverno
Cigarra silente, formiga que precisa se valer das provisões da juven-
tude
Ainda mais triste é a entrada sem canto

Em dias de perturbação da ordem (e terá havido outros, ainda que sob
o manto das aparências?)
Nesses dias, os de hoje, em que a maturidade é palavra maldita
Em que a voz distorcida de uma cigarra velha é o único engano que
resta a uma condição de insignificância antecipada
Ainda mais dura é a entrada nos "enta"

Longevos imaturos é o nosso destino
Não para nosso conforto, mas para motivo do canto sádico das cigar-
ras de verão
À graça de um corpo fresco de histórias a rabugice da maturidade é
nódoa a se lavar diuturnamente
Mas ela não sai, ah, ela não sai, está nos espelhos, está nas memórias,
está nas partidas dos contemporâneos

A nódoa não sai, o inverno é inexorável
Ele está agora, estará para outros
Será ele somente o tempo de se mirar o céu em busca de um naco de
luz?

Será ele o ridículo de parecer-se verão com pesados sobretudos?

Nestes dias, nestes dias em que somente a cigarra canta
Não há espaço para formigas
Para que se dar o trabalho?
As cigarras não desejam seu fruto,
Eu, formiga, não desejo as reservas

É assim, entre tantas cigarras, as de verão e as moribundas de in-
verno
Entre tão poucas corajosas formigas
Que a natureza, boquiaberta, se convence do fim

SENSIBILIDADE E ALEGRIA

A sensibilidade a quem reclamo a pena
Não é aquela do encanto do sonho
Da estesia do primeiro encontro
Ou da confiança numa vida plena

De tantos anos se faz a saudade
De todos os tempos
Também se faz o temor
De nenhum tempo

Entre a nostalgia e a esperança se equilibra agora o momento
A briga invisível entre os desencantos e o eterno encanto
A toada que permanece clamando à trilha desconhecida
A inexorável caminhada rumo ao tudo ou ao nada

A sensibilidade a quem reclamo a pena
Talvez não se baste nas carnes passadas de minha meia-idade
Outros rostos luminosos me farão o verso alegre
Outros sorrisos desequilibrarão em favor do sonho

Porque se de mais a minha palavra seria insincera no admirar do nosso

Pervertido pelos meus e por vossos pecados

Assim não seja a quem a vida alcança ainda no paraíso da ignorância

Com amor, enxergarei a esperança, não em mim, ou na prisão do tempo

Mas no infinito que renova na criação a sede de tudo

ALÉM DO APARENTE

Quando o coração se enxerga além do que os grilhões da realidade permitem

E a alegria das alturas não consegue se legitimar ante as amarras das coisas mundanas

Assim é o olhar que se abre para a obscuridade

Assim é a luz que se empalidece com a sombra que lhe chega do exterior

Sonho compadecido do trivial

Desconfio de minha própria visão

Ocaso das revelações de meu olho interior

Me mostra o que afasta

Malgrado o sonho da proximidade

Porque revela, não o outro completo, perfeito, na sua subjetividade mais íntima

Mas o outro indistinto, semelho a tantos outros, carga de atributos que me remetem ao

universo das valorações que me fazem fenecer o sonho

Estranho num mundo de estranhas formas, estranhas razões,

Tão alheio às entranhas que me sustentam

CONFLITO

Às vezes me vejo sombrio
e não sei se à saudade do que se foi ou à saudade do que pode ser
à lembrança de um passado vazio
ou à esperança de um momento pleno
minh´ alma se entrega
e meu coração, no ermo destes dias
segue tateando um lugar de repouso

Aos olhos mil que uma multidão de faces aproxima
meus olhos vis, o ardente desejo da fuga
querela senil de uma juventude esquecida no tempo

No horizonte busco expandir meu encanto
aprisionado sempre no mesmo canto
e meu pranto, se de angústia pelo passado morto
ou apelo pela aurora nova
sufoca firme o grito de agora
estertor último de uma vida alheia
do mundo ausente em seu próprio ranço

CARNAVAL SAUDADE

Ao longe escuto alegre grito
Um grito novo, quem sabe morro
Saudade a morte, refém do tempo
Um grito antigo, amigo louco
Perdido o senso, quem dera um lenço

Esqueci o tempo, tão certo o tempo
Das horas, anos, saudade a morte
Perdido o encanto do ausente senso

Amigo louco, coração agita
Mas e o senso, meu Deus, o senso?
Povo na rua, já se vai o dia
São tantas luas nos rostos quentes
Confundo o novo-antigo tempo

Frevo-canção, frevo de bloco,
Maracatus, aquela marcha
Aquela marcha, aquela mancha...
Nódoa boba no coração saudoso

Amigo louco, me esquece o senso
Me traz tão bobo, um povo novo
A nota certa que não corrompa
A fé madura, valha-me a vida!

TERRA ÁRIDA

Terra árida
Beijo pouco do orvalho
Não há de te ser a saciedade
Barro úmido a fazer-se moldável

Vida a erguer-te a forma
Mãos invisíveis a fazer-te bela
A talhar-te um rosto
Um sorriso, uma história

Terra árida
Ao beijo há de te ser apenas a lembrança
Amor de livros
Uma possível história

Se a pó te manténs ao rés do caminho
Te resta ainda o sonho
O não vivido que ao fim das águas
Terá sido como vivido

Desde agora vês as formas que não te chegam

As carícias dos ventos que não te seduzem
A ilusão do ter sido
E do nunca ter sido

Beijo que te mantém o desejo
A água que existe
A forma que não persiste
O rosto que seca

Entre o sonhado e a forma que há de mais ou de menos?
Se ao beijo do orvalho
Vives tão dentro
Tão quanto a forma que revira em pó?

Quando os ventos do fim
Varrerem-te junto ao barro de formas
Tudo é lembrança
Tudo é saudade sem fim

SEI LÁ

Havia um tempo
Quem sabe o tempo
Em que saber ou saberei
Ainda sei

Havia esse tempo
Esse tempo no tempo
Em que o amanhã cabia no hoje
Em que o hoje, quem sabe um dia

Havia esse tempo, esse tempo quente
Essa sede de saber de tudo
De ser tudo
De viver tudo

Havia o tempo
O tempo no tempo
Não há mais tempo,
O hoje é hoje, o amanhã é hoje

Agora digo, não sei

Não saberei

Não quero saber

Sei lá

O NÃO DISCURSO

Múltiplos
Ainda que mudos
Chegam-me profusos
Perturbam-me, cansam

Ouço o que não quero
O olhar, o portar, o portar-se
Tudo fala
Tudo é discurso

Ousar estar fora
Qual a menor opressão?
Se sou, nem sempre o melhor
Se não sou, todos não são

Melhor estar
Ao menos um não discurso
Ao menos um a zombar do drama de ser
A desconstruir sempre

É a hora do voo

Acomodados todos
Sem palco, o não ser
Finalmente o não discurso

SEM DISCURSOS

Fugi do discurso
Fugi do outro
Fugi de mim
Busquei-me fora do mundo

Quis o silêncio
O silêncio de qualquer um
Quis-me fora
E vi-me preso

Não havia a palavra a prender-me
Nenhum constrangimento do outro
Nenhum mandamento em mim inscrito
Ainda assim maior prisão

A prisão ao nada
Ao estar sem ser
Ao passar-me ausente
Ao não construir história

Fugi de tudo julgando algum refúgio

Só o campo aberto
O frio inclemente
Os olhos fechados que abrem esse horizonte ermo

À janela busco-me dentro
Mas não estou, nunca estive
Ouço os discursos, os tantos discursos
Sendo nada são tudo

Saí deles
Eu já não consigo
Não consigo o papel, não consigo ser-me
Carrego somente o frio

Tenho saudades
Tenho invejas
Tenho muito, muito frio
Nada há a oferecer-me refúgio

Vago à espera dos olhos abertos
Mas tenho medo, tenho medo da não história
Tenho medo de minha máscara sem graça
Tenho medo de gritar-lhes

E se não me ouvirem?
E se não houver mais tempo?
E se não entenderem?
E se for um louco?

Felipe de Moraes Chaves

Nunca mais, nunca mais dentro
O tempo passa
A escuridão se aproxima
Eles têm velas
Eu, só o frio

RISO E CHORO

Entre o riso e o choro
Qual a face de Deus?

Ah, singularidade ilusória, homem de pouca ciência
Em ti, as ondulações de momento
Ora o riso, ora o choro
E sempre o morno do conveniente ou do próximo

Ainda que o olho esquerdo esteja às trevas e o direito se ofusque com a luz
A liberdade do não ser
Ou do ser por partes, por escolha

Entre o riso e o choro
Sou eu quem escolho
A um e a outro cedo a vontade e a fatalidade
E mesmo um pouco me condiciona a ética

Na escolha o Ser atônito
Mas não há razão
Como ser a máscara No para mim e para o outro
Ator inconcluso, imaturo, inseguro?

A tragédia cede ao cômico e a nova tragédia
Mas uma é o outro e outra é o outro
Tantos outros entre risos e choros
E pensar o todo entre risos e choros?

Se extremo o sofrer
Ou o pleno sorver
Morro ao martírio ou à insensibilidade do outro

Preciso ser e a escolha me trai
Trai o menor dos muitos viveres
O viver da escolha
E não o do Ser

Ah, o Ser, que face o amor?
Diante do simultâneo de muitos choros ou risos
Certamente o choro te rouba um abraço
Mas à alegria do outro, também tua face não abre o sorriso?

Entre risos e choros
A certeza das peripécias da vida no seio da Vida
No fim, todas as lágrimas compõem o rio
Águas que singram o leito de um sorriso de pontas infinitas

SER E ACONTECER

Toda fé tem sua religião
Toda ciência tem sua tecnologia
Todos os valores têm sua ideologia
Todo o ser tem o seu acontecer

Entre o invisível e o concreto
Há que se ter sempre dois olhos
Duas leituras, dois domínios
Nunca fazer do acontecido o sido

A expressão é sempre menor que a intenção
É sempre maculada pelo percebido
É sempre sedimentada no imperfeito
É sempre disputada pelo discurso

Reduzir o ser ao acontecer
É como querer voltar à fonte a água impura
Aprisionar a substância a um mesmo percurso
Distorcer a essência pela superfície

O DIFÍCIL REFAZER-SE

Havia o tempo de deitar
E adormecer, e sonhar
Havia o tempo de esquecer
De não ter que esquecer

Há o tempo de deitar
E tentar esquecer
Há o tempo de não dormir
De não sonhar

Não há outro mundo
Presente tão futuro
Presente que não sai mesmo quando se tenta o nulo
Esses fantasmas, essa peça que não cala

Já não há entreatos
Sempre o ato, o meu, dos outros
Desses tantos outros em roteiro sem fim
Desses que não dormem com a noite
E que gritam todo o dia

Estão tão dentro
Estavam tão fora
Eu os devorei, devorei o mundo
E não consigo degluti-lo

Esses gritos que me estão nas entranhas
Essa sede e esse temor de não ser
Não ser o que esperam
Não ser o que precisam
Não ser para Ti

Meu próprio grito
Meus próprios eus pressionados
Pelo tempo, pelo tempo
O medo de perderem-se

Não há mais o esconderijo
O refazer-me
O projetar-me
O fugir-me

Somente o nós
Esses nós de tantos eus e outros
Vigília
A vigília amarga de olhos tão abertos

REINVENTAR-SE

Mais árido que a reinvenção do fazer
Do pensar-se fazer
Do fazer, apesar
Da condescendência do jovem de hoje e de ontem

Mais doído é o reinventar-se em sentimento
É esquecer um passado recorrente
Para se dispor à aventura num futuro já tão ausente
Fazer dos netos novos amigos
Da cinza nova cor
Dos olhos fundos novo frescor

Eis que chega a noite
E aquelas mesas, aquele sabor
Aquele bolor de tantas cores
Sonhar o mesmo ainda outra vez

Há de muito sedar-se, em menos voz, menor violão
Em menos rodadas de pura diversão
Há de muito sedar-se no silêncio
Muito cuidado a não valer o já vivido

E o sentimento
Que há de novo?
É sempre ele a livrar a partida
A chegar-se longe do precipício

Não quero livrar-me dos então amigos
Quero a memória dos tempos idos
Mas como ser-me aqui tão vivo
Um velho jovem de outros sonhos?

O ÚLTIMO CAFÉ

Há sempre um motivo para novo café
O que foi, o que teria sido, o que não foi
Ao indagar-se o passado, dialoga-se com o futuro
Porque o presente, ele nunca é do tempo

Assim caminham as sístoles e diástoles de cada um
Esses enchimentos e vazios
Essas plenitudes e ausências
Esses seres múltiplos a conferir a esperança de algo além

Com o tempo, se novos não entram à roda
O café se torna amargo
Pulmão fraco
Gás que sufoca a verve solta

Que dizer do último café
Daquele da entrada na morte
Mesmo a antecipada da consciência
Tudo em tão pouco fôlego?

O que antes o enredo entretido no tempo

O que antes o rir-se de criar futuros
De tornar o imaginado irmão do vivido
Chega-se como saudade infinita de tudo

Ai de mim, se não crente
À porta tenho o menu apagado
Cabisbaixo, não vejo na primeira mesa
O Senhor sorridente a abrir-me o infinito

ULISSES DESGARRADO

Curioso estar-me aqui
Poderia ser-me noutros tempos
Mas neste, neste já não sou
E, no entanto, estou

Creia-me, não estou
Posso rir, posso chorar
Posso fazer-me em personagem
De preferência, que seja breve

Mais vivo estar-me ao largo
Nalgum tempo que não chegou
Nalgum tempo que já não vou
Nalgum tempo que já passou

Preciso estar
Porquanto haja o tempo
E eu seu prisioneiro
De vocês também um pouco

Silêncio a essas vozes outrora tão caras
Silêncio!
Concedam-me a vez de não fazer-me Ulisses
Oh, cantos ainda mais tão doces

O amargor desses escolhos
Agora não mais abstração poética
Agora tão reais a me precisar o corte
Ferida a misturar já a dor à tua doçura

Quero singrar-te o ventre
Desanuviar-te o rosto
Revelar todo o teu esplendor
Ainda que morra por tão pouco

Quero tocar-te
Beijar-te a lágrima
Sorver-te a maciez
Ainda que última vez

Deixai-me ao largo
Não mais amarras
Vou-me às águas
Afogar a angústia do não prazer

Vou-me às águas desta vez
A busca sôfrega de um talvez

O FOGO

Está aqui o momento
E pleno está de suas consciências
De suas trajetórias semelhas a tantos passados
Ainda assim, desconhecem

Desconhecem que o sejam tão pouco no tempo
Que o sejam tão pouco no novo
As mesmas emoções, as mesmas aflições e alegrias
Os olhos fastiados do que ignora o tempo

E, no entanto, tanta vida!
Agarram-se à construção do efêmero
Do que antes nunca e para além nada
Estão ali, o pior e o melhor de si

Que resta aos olhos que se distraem do palco?
O silêncio estupefato do entreato?
No tablado alguma luz, algum movimento
Alguma razão para ser-se

Que lhes vale distrair-lhes

Se pior drama há de revelar-se?
No palco há de ser-se uma história
Mas na plateia, que há senão o cumprimento silente da solidão?

Ah, insidiosa mão que me atém o fôlego
Que me nega o fogo
Que me suprime o grito
Que me lança fundo à poltrona

Com quantos espetáculos repetidos me sedaste?
Ouço-vos, oh valentes atores
Mas não vos sinto
Não vos tenho ao pulsar-me fora desse monocórdio passar-me o tempo

Tenho tantos fins a dizer-vos
Mas não os quero lembrar-vos
Que vos seria adiantar-se ao último ato?
Este sempre trágico ato?

Queria juntar-me, esquecer-me a plateia
Vem, faze-me parte
Vem, que eu viva a história
Que me seja um papel

Revezamento de Prometeu
A uma e outra mão fugindo da ira do tempo
E assim a chama, esse débil fogo
Serpenteando a história de todos

O GRITO

Penso em todos
Penso em seus pensamentos
Penso em suas angústias
Penso em suas tantas persistências

Penso nos seus momentos de infinito
Nas suas lutas contra os finitos
Penso como se não tivessem ido
Penso como já tivesse ido

Estou onde todos estiveram
Vivo e vivendo
Vivo e sentindo
Vivo e sabendo-me

Quantas palavras
Quantos sorrisos e choros
Quantas pinturas em tinta de sangue
Ainda frescas dos estertores de seus autores

Quase estou a ouvir-lhes

Ressonância de meus próprios desejos
Com eles faço o coro dos que escapam à narrativa
Com eles grito ao mais alto dos céus:

QUERO VIVER!

O HOMEM QUÍMICO

Havia a valência
E a potência
Havia a lei
E a vontade

Havia eu sendo outro
Havia eu pensando o outro
Havia eu sendo nada
Havia eu sendo tudo

Havia o eu objeto
E o outro sujeito
Havia eu sujeito
E os tantos objetos

Entre ser-me para outros
E serem os outros
Há de haver-me mais que a valência
Há de haver-me menos que a vontade

Sou-me matéria e fluxo se bem queres

Mas sou-me tu também que me pensas

E sendo-te matéria e fluxo se bem quero

És-me eu também que te penso

Desta ausência não me ocupo

Desta que me é pouca

Intenta anular-me sendo ti

Tanto mais sujeito seja em ti

O INTERDITO

Algo dito há que pareça pouco
Pouco à razão, pouco à emoção
Algo dito há que pareça menos
Menos vida, menos morte digna

Algo não dito há que pareça muito
Ou pouco, se à vida fala ou à morte em vida
Algo não dito há que pareça mais
Mais ser ou não ser

Entre o dito e o não dito o interdito
O que cala o dito ou chora o não dito
Esse que se põe a marcar as ausências
A cansar os encontros

Morro e vivo
Vivo e morro
E não estou apenas um ou outro
Sou o interdito

E dir-se-á: o não ser

O ser em outro tempo
Ou em nenhum tempo
As constantes ausências

Mas que há para além do tempo
Que posso ser fora do tempo?
Deste tear de interditos?

Vivo hoje o encontro de outrora, todos eles
Vivo hoje a expectativa de outros, todos eles
O que penso interdito são todos os ditos e todos os não ditos
Tudo o que me faz pensar e sentir para fora do tempo

Vivo todos os encontros
Sou pleno nos interditos
E nestes alinho o impossível
À vida e à morte faço o ponto

Entre o dito e o não dito já não interditos
Já não o que sofre com o que parece ausência
Sempre há de ser menos o que é só do tempo
Sou todos os encontros, os infinitos encontros, de ditos e não ditos

EPIFANIA

A janela de todos os dias
A janela de todos os meus dias
De todos os dias de tudo

A rotina me subtrai a força do inédito
Tédio, a apatia do porvir
Mas eles cantam
Hoje como ontem e sempre

Onde estou sendo tão pouco?
Como a natureza me tolera?
Como tanto verde e tantos cantos me toleram dissonante?

Nunca menor
Nunca menor no que a vida permite
E eu, eu saudoso do ontem
Temeroso do amanhã

Quem é o expectador?
Sou eu brindado pelo sublime?
Ou será uma plateia incansável nos aplausos

Ainda que ator tão medíocre?

Ah, se soubesse
Se soubesse estar-me ao palco, sempre
Se soubesse estar-me à plateia, sempre
Se ouvisse seus vivas incansáveis

De mim apenas um sorriso
Eis que toda a peça é plena
Eis que faço-os subir
Eis que já não um monólogo no vazio

ANSIEDADE PELO NOVO TEMPO

As fotos desbotavam
Elas possuíam tempo
Tal como nós
Morriam junto

As fotos amarelavam
Mofavam
Eram suas rugas
Até que um dia já não revelavam

As fotos, eu as tenho algumas
De minha mãe, de minha avó ainda
A saudade desbota
A saudade rebota

Mas é outro o tempo
Aquele a foto consome junto
A saudade vira ansiedade
Outro tempo

A minha própria foto, eu a desboto
Estou longe, muito longe
Ela quase me fala de outro tempo
Daquele, desbotado
Deste, que se anuncia

Estou ficando como minha mãe ou minha avó à foto
O mofo cresce, a saudade desbota
Ansioso pelo novo encontro

O SONHO DO GRANDE ENCONTRO

Ontem sonhei
Sonhei que ouvia batidas no vidro de casa
Vozes familiares chegando da rua

Era minha mãe a procurar-me
Atrás dela outros
Ela à frente como o maior conforto

Ontem sonhei com todos os reencontros
Com todos os que conheci
E ainda destes os que não conheci

Era uma multidão a anunciar o fim
A fazer-me livre de todas as ausências
A dizer-me: o show acabou

Ontem sonhei com a paz
A paz de ver-me pleno
De saber-me entre tantos

Todos os rostos, todos igualmente livres
Todos sem ausências
Todos em eterno encontro

Ontem sonhei o que deveras sei
Sei para além do palco
Sei para além do que sei

NAS TANTAS AUSÊNCIAS, O GRANDE ENCONTRO

Tudo cria
A palavra cria, o olhar apropria
Tudo aprende
Tudo apreende

Criando, somos rotina
Apropriando, somos desafortunados
Aprendendo, somos ignorantes
Apreendendo, somos ausências

E nas ausências, nas tantas ausências
Porquanto seja eu de mim mesmo
Eu de ser e ter sido
Eu de ser e terei sido

Nesses vazios d'alma que de tempo constroem-se
Nesses idos pensados
Nesses vindos sonhados

Nesses que se aglutinam num nunca Ser tudo

Nesses tantos estou eu
Eu que penso ser eu
Que sou não sendo o outro
Que sou um tempo, uma história, saudades

A cada ausência novo silêncio
A corda que perde um harmônico
O horizonte que perde um tom
O andar que ganha novo peso

Corria, caminho
Caminhava, rastejo
Rastejava, sobrevivo
Sobrevivia, vivo!

Porquanto de todas as ausências me fizer o todo que fui
De todas as ausências me fizer o nunca que serei
Aí, enfim, serei livre
Livre de mim mesmo, do outro em mim

Livre para reconhecer que não fui, não sou, não serei
Livre para reconhecer que tudo é encontro
E o antes desencontro
Foi sempre a ilusão de perceber-me

Valha-me Deus, eu em Ti!